Club de Literatura

de

Francisca Argüelles

El Espacio Infinito Del Cuento

Publicado por
D'har Services
P.O. Box 290
Yelm, Wa 98597
www.dharservices.com
info@dharservices.com
dharservices@gmail.com

Diseño carátula© Xiomara García
Oleo del pintor Luis René Serrano

Revisión y corrección: Alain de León
Colaboración especial de Francisca Argüelles
Algunos autores enviaron sus propias correcciones

ISBN-13: 978-1-939948-18-2

Índice

Prólogo

Qué oportunidad mejor en la celebración del séptimo aniversario de la fundación de este magnífico "Club de Literatura", que dirige Francisca Argüelles, con la confección de "EL ESPACIO INFINITO DEL CUENTO", tercera Antología Literaria de los integrantes del club; soñadores que dan rienda suelta al potro de la imaginación para volcar en cada una de sus páginas, cuentos, historias y relatos, selectos de su mejor creación artística.

Sin lugar a dudas, escribir en forma profesional, vivencias propias o ajenas, que atrapen al lector desde el primer párrafo hasta el final, resulta muy difícil en estos tiempos, dada la velocidad que nos atrapa día a día en una vorágine tecnológica y virtual de tal magnitud, que ya ni hablamos si no es a través del lenguaje digital.

Si bien es cierto que escribir es un don, un talento que el divino creador nos ha regalado, hacerlo bien y poder publicar es tarea de héroes. Dominar un oficio que se fragua en silencio, solitariamente, con la destreza, experiencia y habilidad de cada autor, da un estilo propio a su escrito y plasma en él, lo que siente o ha vivido en forma profesional, es tarea loable, digna de admiración y respeto.

"EL ESPACIO INFINITO DEL CUENTO" constituye una muestra palpable del talento, la capacidad de análisis y síntesis de cada autor, con el rigor de la mesura y objetividad que se conjugan con la justa medida de esta obra. Es un magnífico calidoscopio logrado en esfuerzo común, donde se unen, en un abanico todas las corrientes y tendencias literarias de nuestra época.

Se hace necesario señalar que esta obra contribuye, a la divulgación persistente que viene realizando esta institución, "Club de Literatura" colaborando en la lengua de Cervantes, labor que se realiza en el mapa cultural de nuestra ciudad, expandiéndose al resto del país y al mundo entero.

Orestes A. Pérez
Periodista, Escritor, Filósofo y Poeta

Francisca Argüelles

Francisca Argüelles, nació en Cuba, Ciudad de La Habana. Graduada en su país de CONTADOR–PLANIFICADOR, en el Instituto de Administración y Comercio de La Habana. Cursó estudios de MARKETING en el "Club Juvenil de la Víbora".

En la ciudad de Miami, ha participado en los cursos: "El Arte de Escribir Cuentos" y "El Arte de Escribir Poesía" dictados por el profesor Orestes A. Pérez.

Desde que tiene uso de razón lee cuanto libro y revista se le facilite. Su afición por la lectura es genética, que la llevó a participar en reuniones y Peñas Literarias en Cuba.

Llegó a Estados Unidos, buscando libros, asistió a las reuniones literarias "Gentes y Cuentos" dirigida por la periodista María Jesús Casado.

El "Club de Literatura", grupo literario que fundó y dirige, cumplió siete años, en enero del 2014. Este libro es la tercera obra del grupo. El primero fue "Un Horizonte Literario" 2010, y el segundo "Navegante de Palabras" 2012

Obtuvo el Cuarto Premio de "Poesía Latinoamericana" D'har Services, Editorial Virtual de Literatura 2011, y el premio "Dedicación Latina 2011" convocado por "United Health Care".

Fue homenajeada en el Festival Internacional de Poesía "Grito de Mujer 2012" de la "Sociedad Internacional de Poetas y Escritores Hispanos" AIPEH Miami, y "Encuentros Literarios Internacionales Luz del Corazón" ELILUC. En este mismo año obtuvo un accésit en el V Certamen de Poesía María Pilar Escalera Martínez, Internacional-Teruel, Aragón España. Y " La Sociedad de Poetas y Escritores" de Miami, le otorgó el Segundo Lugar en el Concurso de Narrativa "Ejercicio Literario 2012".

Forma parte del grupo Arte Milenio dirigido por el periodista Enrique De Miranda. Pertenece al Colegio Nacional de Periodistas de Cuba en el Exilio, CNP. Asiste al "Desalmuerzo Literario" en el teatro "Artspoken" que dirige el Director de Teatro y Dramaturgo Yoshvani Medina.

Su primera obra literaria "25 Encuentros con el Tiempo" fue publicada en marzo del 2013. La cual se encuentra en:

www.amazon.com y www.dharservices.com

Gracias a Dios, que permite reunirnos como una familia en este "Club de Literatura".

Edilma Ángel CEO de D'har Services por su maravilloso trabajo y paciencia en estas tres obras literarias.

Orestes Pérez, quien ha escrito el prólogo de nuestras tres antologías.

Luis René Serrano que brindó su pintura para la portada de este libro.

En nombre del "Club de Literatura", agradezco a la directiva del periódico "Los Tiempos", por darnos la oportunidad de presentar en el mismo nuestra obra literaria.

Francisca Argüelles

"Tras el orgullo viene el fracaso; tras la altanería viene la caída"
Proverbios 16.18

FANTASÍA

En un lugar tan remoto como el infinito, una estrella decía:

–¡Soy la única, la más hermosa!

Usaba sus destellos para opacar a las demás que sin pretender grandeza vivían felices en el espacio.

Se creyó reina de la noche, y durante el día no quería retirarse, daba rienda suelta a su fantasía, ignorando al sol, y el sol sonreía.

Perdida en falsas ilusiones, mostraba a los astros lo pobre de su empeño, no lograba su meta, desconocía que para ser lumbre hay que ser humilde y saber amar.

Y así, quien se creía reina de la noche y el día, perdió el Edén que la acunaba.

En su vano esfuerzo por centellear, se desgastaba más. Hoy, como luz mortecina intermitente, en la noche pide a las otras estrellas la perdonen y le den un poquito de su esplendor para que la luna pueda verla.

Ella tan orgullosa, se creía la estrella más hermosa, pide a la luna, precisamente a ella que la mire. A la luna que alumbra nuestras noches y no le importa que su luz sea reflejo del Astro Rey del día. El Sol.

"A las mujeres, les está bien llorar; a los hombres recordar"

Tácito

MI CÓMPLICE

Mi cómplice, es como mi alma. Recoge mis penas, mi aliento, mis sueños enredados en mi pelo, sabe todo de mi, más calla. Se lleva mi perfume, ahoga mi llanto y la abrazo enjugando mis lágrimas. Si tengo pesadillas, no pregunta, se queda con el grito. Me acompaña y besa en la mañana.

No se queja de mi ausencia necesaria, disfruta conmigo cuando se hace silencio para que los niños duerman, y me dice al oído lo que deseo al acariciarla.

Mi mano deslizo por su cuerpo, no protesta, le agrada; ese es su oficio, saciar el ansia de sentir que descanso sobre ella, mi cómplice almohada.

"Más vale el vecino cercano que el pariente lejano"
Refranero Castellano

SONORA

Único vendedor ambulante con música, tocaba en pomos y latas para acompañar su melodiosa voz, caminaba por las polvorientas calles del barrio para llevar a chicos y grandes el "pirulí", singular caramelo elaborado por él, con la maestría adquirida en el negocio de tantos años. Unos le decían pirulero, otros lo conocían como el botellero. Nunca supimos su verdadero nombre. Para nosotros era simplemente, Sonora.

Entonaba cualquier canción de moda, siempre empujando su carrito de grandes ruedas de madera, que sostenían una rústica tabla, la mitad daba albergue a las latas, en que guardaba su mercancía para la venta, el "pirulí" de diferentes sabores, y en la otra parte del pequeño carretón, los sacos donde recogía los pomos y botellas que compraba a los parroquianos por un centavo. Después los vendía en el local de envases recuperables, ganaba dos centavos en cada uno.

Su bondad era conocida en la barriada. Los niños obtenían un pirulí por cada envase o por un centavo, le vi dar dos pirulís a un niño que iba con su hermanita, por el precio de uno.

Si desde un portal un pequeñín lo saludaba, Sonora cantando le mostraba la golosina y más de una vez escuchó decir:

–No "teno ninero".

Esa frase le acariciaba los oídos, regalaba el caramelo al niño y se daba por bien pagado.

Cantaba, y sonando una pequeña campana, se hacía notar en la puerta de la escuela pública, competía con el vendedor de los merenguitos. También el granizadero tenía mucha clientela, pero Sonora era el único que le ponía música a su pregón:

–¡Cambio, y compro pomos y botellas! ¡Pirulí de fresa, naranja y menta! ¡Botellerooo!

Vivía donde viven los pobres, en una cuartería. Todos se conocían allí, tanto que no sabían si eran amigos o parientes. Al terminar su faena diaria, anunciaba su llegada tarareando algún bolero y su acompañamiento era el traca-traca del carromato. Los niños, hacían fila a la puerta del tío putativo y con su mano abierta, cada uno obtenía el pirulí gratis, daban las gracias muy alegres y terminaban la golosina escuchando los cuentos inverosímiles que Sonora decía haber vivido en su juventud.

Cualquier vecino le ofrecía un café, otro le regalaba un cigarro. A la hora de cocinar "su ranchito", alguien le traía un aguacate y otro le brindaba potaje.

Era costumbre escuchar la risa de los niños donde vivía Sonora, ahora las carcajadas que yo oía desde el patio de mi casa, separado sólo por una cerca de alambres, hizo que me uniera a la diversión. Vi a Sonora que repetía:

–Ayer no me bañé. Hoy he preparado dos cubos de agua caliente. Me doy el baño de ayer, me seco y después el de hoy. Y cantaré bañándome por los dos días.

Sonora mirando a Nereida, expresaba:

–¡Nereida, deja essso!

Se hizo costumbre llamarle a la niña ¡Nereida deja eso! Y comenzaban a reír, hasta la niña lo disfrutaba. Esta frase surgió cuando Sonora se dio a la tarea de vigilar quién entraba a robar los caramelos que vendía, ya que no ponía el seguro a la puerta. Un día, después de anunciar a todos que se bañaría doble, provocando hilaridad, dejó la puerta del baño entreabierta, comenzó a tararear unas décimas y a derramar agua en el piso como si estuviera bañándose, mientras vigilaba los pirulís. Sintió que alguien entraba a su casa y escuchó voces de niños:

–Tómalos tú. Susurraba Nereida.

–No. Hoy te toca a ti. Dijo su cómplice.

Sonora, no esperó más y salió del baño. Vio a Nereida poniendo los pirulís en su maleta de la escuela.

Y Sonora gritó:

–¡Nereida, deja essso!

La niña asustada dejó caer todo, corrió detrás del niño que la acompañaba, tropezó con un saco de pomos y cayó al piso. Ahora el impresionado era el viejo pirulero. Los gritos de Nereida alarmaron a su madre y a los inquilinos, quienes acudieron de inmediato. No tenía golpes, sólo un rasguño y Nereida lloró como nunca por la reprimenda de su mamá.

Pasado el susto, la madre de Nereida, con mucha pena, y Sonora desternillado de risa, tomaban café. Ellos le contaron lo sucedido al padre de la comilona de caramelos, y este no lo podía creer.

Al año de haberme mudado del barrio, pasé a saludar a mis queridos vecinos y pregunté por Sonora. Supe que había fallecido.

Es bueno recordar a personas tan humildes que teniendo poco, compartían todo. Hasta el último momento, este señor inolvidable, estuvo acompañado por los únicos parientes que tenía. Sus vecinos.

"Ninguna fuerza doma, ningún tiempo consume, ningún mérito iguala el nombre de la libertad"
Nicolás Maquiavelo

LA ESTACIÓN DE LOS FUGITIVOS

La tristeza embargaba a Marcus por dejar su tierra, a sus amigos confinados en campos de concentración, sus pinturas en las que había volcado sus sentimientos y sintió dolor por los que se fugaban sin encontrar el camino libre de guardias alemanes para llegar a la frontera y tomar el tren hacia la libertad.

Marcus, recorría la estación con miedo, recordando las veces que hizo este viaje por placer dada su doble nacionalidad. Ahora, huía el reconocido pintor judío. Sólo calmaba su desesperación, el estrujado certificado que guardaba a propósito.

Tomó asiento y en silencio como tantos de los seres desencajados que allí se encontraban observó el movimiento apresurado de los gendarmes por la llegada de un tren, del cual no descendieron pasajeros.

Alejado del gentío, veía que eran guardias los que apresuradamente hacían la descarga y no los empleados. Marcus, comprendió que era secreto militar, no podía distinguir qué acarreaban. Aparecieron más guardias y llevó sus ojos a las montañas, deseando como nunca antes atravesarlas, era un perseguido de la injusticia, tenía que llegar a la costa del país vecino, patria de sus padres.

Marcus, entregó sus documentos con nerviosismo. El gendarme, con desprecio dijo que algo no estaba en regla y procedió a revisar el equipaje, sacó uno de sus óleos y su rostro reflejó admiración, se quedó con él y obviando el supuesto error le permitió pasar a la taquilla para adquirir un boleto. Se iluminaron los ojos de Marcus, no sabía si al agradecerle actuaba mal y decidió inclinar levemente la cabeza.

Su primer objetivo se lograba, seguiría viaje. Ahora necesitaba calmar la ansiedad y que su tren llegara en tiempo, por el momento abrazaba la esperanza. El próximo no era de pasajeros, fue rodeado por los alemanes que a puro grito se hacían obedecer para que sendas cajas fueran depositadas en esa mole de hierro que se llevaría la riqueza de su patria.

El siguiente tren era su libertad. La fila para abordarlo se hizo más corta a la vez que los guardias pedían documentos y muchos de los que ansiaban partir eran rechazados. Llegó su turno de entregarlos al oficial.

Hizo el viaje tocándose el bolsillo donde guardaba su bendecido salvoconducto. No podía borrar de su mente, la cara del oficial con un monóculo que trató de alterarlo, lo escudriñaba de la cabeza a los pies y leía sus documentos una y otra vez. Más, no logró desesperarlo.

Con el pensamiento envió un beso de agradecimiento al cielo y Marcus pasó por la tierra de sus ancestros, donde lo ayudaron sus amigos y familiares a continuar hacia la costa.

Podía ver el barco de los aliados anclado en puerto, de ahí en adelante sus miedos irían desapareciendo. Miraba el blanco papel, su nombre y una edad que le hacía recordar cosas maravillosas.

Ahora, han pasado muchos años del término de la Segunda Guerra Mundial y con una sonrisa de tristeza y añoranza por la patria, disfruta la tranquilidad que da sentirse libre, con su arte como bálsamo.

Es historia, que esa estación no sólo servía para que escaparan seres humanos, al unísono se realizó la fuga de bienes europeos, mediante el saqueo realizado por los nazis a países usurpados; como oro, plata, armamento, y tungsteno para construir tanques de guerra.

Además en el recuerdo que pasa de generación en generación, consta el tráfico de obras de arte robadas por los nazis, y datos aportados por familiares de los habitantes de la zona montañosa que trabajaron en el traslado de mercancías de la estación de los perseguidos.

Y dentro de esas reminiscencias del pasado, aparece el oficial del monóculo, mirando el certificado de bautismo de la iglesia católica que le diera un sacerdote, para que él, judío, pudiera escapar de los nazis.

Edilma Angel

Edilma Ángel, nació en Colombia y reside en Estados Unidos. Escritora, psicoterapeuta, sanadora y empresaria.

Se desenvolvió en el ámbito del turismo con experiencia en el área de Marketing y Ventas, Planeamiento Turístico y Gerencial. Brindó apoyo logístico en misión "in situ", al Instituto Interamericano de Derechos Humanos. Proporcionó apoyo administrativo a organizaciones internacionales, entre ellas, la Inter American Foundation, la FAO y otras ONG.

Su gran pasión por aprender la ha llevado a poseer conocimientos profundos en diferentes campos del saber. Incursionó en las llamadas medicinas no tradicionales como son: Pranic Healing, Advanced Pranic Healing, Pranic Psychotherapy, Kriyashakti, Magnified Healing, Reiki, Terapy of Spiritual Response y La Sanación del Cuerpo Azul.

El amor por el arte lo plasmó en estudios de Decoración de Interiores, en la Universidad de Miami, se especializó en Feng Shui. Su disciplina hace de ella un ser integral, vital y creativo, lo que le da mayor visión en el campo empresarial.

Su misión: ayudar al mejoramiento humano, por lo cual ha plasmado en su libro, MUJER DE LA SOMBRA A LA LUZ sugerencias motivacionales. Publicado en el 2009, expuesto en varias bibliotecas de Estados Unidos, y también se puede adquirir en:

www.amazon.com y www.dharservices

En la ciudad de Miami, asistió al curso: "El Arte de Escribir Novelas" ofrecido por el profesor Orestes A. Pérez, en el año 2009

Pertenece al "Club de Literatura" que dirige la Sra. Francisca Argüelles. Participó en las antologías:

Un Horizonte Literario, 2010

Navegante de Palabras, 2011

En el Estado de Washington, en la antología Mind Ripples, 2013

Forma parte del grupo Arte Milenio dirigido por el periodista Enrique De Miranda.

Es socio fundador y directora de la editorial virtual de literatura D'har Services.

Mi amado Dios.

Raúl mi compañía y amor.

Dayana, Leandro y Sebastián ternuras de mi alma.
Mamá y toda mi bella familia en Colombia.

Francisca Argüelles, gracias por su gran apoyo y amistad.

Mis amigos del "Club de Literatura" por su maravillosa creatividad, plasmada en esta travesía llamada "El Espacio Infinito del Cuento".

Al Amor
Vientre Eterno de la Vida

©Edilma Ángel

ME DIJERON QUE ERA BONITA

Y por supuesto que lo creí ¡Desde que nací me lo dijeron! La vanidad apareció a los seis años de edad, recuerdo que saltaba de alegría con cada vestido o regalo que recibía y con cada elogio mi corazón bailaba de contento y más cuando mi padre decía con marcado orgullo: "Tan inteligente mi chiquilla". Me sentía muy especial. Más, todo cambió al entrar a clases en un colegio religioso de educación especial y exclusivo para niñas.

Allí las niñas... no se parecían a mí, eran como las fotografías de los libros de mamá; quien me enseñó a llamarles ángeles y querubines. Todas tenían ojos verdes, azules y grises, con cabellos rubios y rojos, largos, crespos, cortos y no tenían dientes.

Y las pequeñas me miraban y me miraban yo era distinta, me sentí muy mal, quise parecerme a ellas, quedé muy triste... cuando llegué a casa, pregunté:

–Mamá. ¿Por qué las niñas de la escuela son tan diferentes a mí y tienen mutiladas sus sonrisas?

–¿Cómo que mutiladas? ¡Qué ocurrencia hija! dijo burlona, solo les faltan sus dientes. Tú también los perderás, ¿Te he contado sobre "el hada de los dientes"? Un día vendrá y se los llevará, y te dejará un lindo presente. –Al ver mi cara de confusión– continuó, No te preocupes amor, te saldrán nuevos dientes y muy lindos. Esos ¡Hay que cuidarlos! Mi niña, porque son los definitivos. Ahora vete a jugar y deja de pensar en bobadas.

–No son bobadas mami ¿Verdad que parecemos ancianitos?

Mamá sonrió, movió su cabeza y no me prestó atención.

Mi piel tiene la culpa, determiné, la mía es de color chocolate, mis ojos son café oscuro, casi negros y mi cabello no tiene bucles sino que es liso y negro como un azabache. ¡Algo anda mal conmigo! ¿Por qué insisten en llamarme bonita?

Mi abuelita me decía: ¡Mi chocolate! Y agregaba "no vayas a cambiar mi linda y tierna niña".

Ahora se ha ido al cielo. Creo que ella lo sabía... sabía que no soy bonita, ni nací con piel blanca, ni risos dorados, ni ojos azules.

Desde ese momento mis horas pasaron frente al espejo: si mis ojos fueran verdes. Pero... ¡No! Sí, mi piel fuera blanca. Pero... ¡No! Si mi pelo fuera rubio. Pero ¡No!... Caray ¿Qué podré hacer?

Un día, la solución llegó... salí corriendo, mientras gritaba:

–Mamá, mamá. ¿Podrías hacerme de nuevo con ojos azules y pelo muy rubio?

–Queeé ¡Tú y tus ocurrencias! Mejor vete a estudiar hijita.

Así dio por terminada mi petición y mi gran idea se esfumó "No me entendió" y me cubrí de tristeza. A partir de ese momento, se grabó en mí la idea de querer ser blanca. Ya verá que la haré cambiar de opinión, me dije a mi misma.

Al día siguiente. No quise ir a la escuela, se me ocurrió que un dolor de estómago sería suficiente. Con un tiempo a solas, podría concebirme de nuevo.

–Mamá, me duele la barriga... ayayay... no puedo ir a estudiar. Mis lágrimas salían, eran lágrimas de verdad, puedo jurar que la barriguita me dolía. Yo continuaba, me duele mucho... me duele mucho. Con ternura mami tocó mi barriguita y luego mi frente.

–Mi niña, creo que es una gripe. Aseveró con una sonrisa, tendrás "fiebre pa' mañana", porque ahorita mismo no la tienes. Te digo que no comas dulces, y ni caso me haces. ¿Vez las consecuencias hija?

Al verme retorcida de dolor puso cara de preocupación, y dijo:

–No te preocupes nenita, te daré algo para que pase ese dolor, voy corriendo a la huerta, quédate tranquila.

La oí manejando los trastos en la cocina, mientras exclamaba:

–Ya voy mi niña, ya casi está la infusión.

¿Una infusión? uhmmm... ¡Un rico postre! De los que hace mi mami. ¡Que hasta me chupo los dedos! Mi boca se aguó y saboreé con satisfacción, esperando el dulce platillo que estaba al llegar.

–Mi niña, pruébalo que es muy bueno y te dejará de doler.

El olor que emanaba me alertó, agregué asustada:

–Mami, ya me pasó, ahora estoy bien, no me duele.

–Pero mi amor, si estabas llorando de puro dolor, tómalo, quiero estar segura que el malestar no aparecerá otra vez.

¡Oh desdicha! ¡Qué asco! ¡Qué cosa tan fea! ¿Cómo puedo tomarlo? No maaá, eso está muy feo ¡Noo! No quiero beberlo, maaá... lágrimas corrían presurosas, mientras el brebaje causaba destrozos en mi estómago.

–¡Tómalo mi niña! Vas a estar mucho mejor.

– Te prometo ir a estudiar, maá ¿Ya no me quieres?

–¿Cómo se te ocurre, hijita? Es solo ajenjo, una yerbita que ayudará a que no te duela más.

–Pero, es amargo y feo ¡Guah!

–Esta vez no te saldrás con "la tuya". Aquí me quedo, hasta que tomes el último sorbo. ¡Me oyó!

Había mando en su voz y su mirada estaba fija en mí. No tuve remedió, todita me la tomé, y sobra decir que nunca jamás quise faltar a la escuela.

¡Me quise morir! Todo mi plan para nacer de nuevo se perdió. Y sin saberlo mi madre, me curó desde ese momento a no caer en la mentira, la cual asocié con el sabor amargo del ajenjo, y mi puntualidad en la escuela fue del 100%, hasta con gripa y fiebre iba a estudiar.

Mi gran deseo de ser blanca, con rizos dorados y ojos claros, no disminuyó, andaba en las nubes, imaginándome qué tan diferente sería si... y me volví taciturna. Mis compañeras querían jugar conmigo, me fue difícil; yo no me sentía igual a ellas y me ponía a llorar, quería ser blanca algún día. Ese era mi sueño dorado. Me creían rara, en señal de desagrado, me sacaban la lengua.

En mi último año de primaría, un día amanecí con un terrible dolor, corrí al baño, sentía que me partía en dos, no era dolor de estómago, era otra cosa. Y horror de horrores, era sangre. No podía creerlo. ¿Qué veían mis ojos?... ¡Y en mi ropa interior! ¿Qué hago? Mis pensamientos corrían como caballos salvajes ¡Asustada, me sentí morir!

Espera, me dije, investiga. Me puse papel, no quería dejar ningún rastro allí, salí corriendo a mi cuarto tomé mi laptop, busqué respuestas, leí con avidez y quedé pasmada ¿Por qué no me lo dijeron? Los comerciales de televisión tenían un nuevo significado, aparecieron en mi mente, uno a uno, que el tampax, que las toallitas, que tal otra... etc., Ahora estoy frente al computador, una caja vacía que ni entiende, ni me abraza, ni sabe escuchar. Leo que es natural y ¿Si es natural, por qué no me lo dijeron antes? Entonces ¿Será que no es natural? Asustada grite:

–¡Mamiii ven corriendo!

–¿Por qué no me lo dijiste? Mientras le señalaba la pantalla. Mamá leyó y dijo calmadamente:

–Mi niña, estás muy chica para saber de esas cosas, ya tendremos tiempo más adelante para hablar sobre el tema.

–¡Mamá! No entiendes, nada, es que ya me pasó.

–¿Cómo? Si eres muy niña. Eso ocurre entre los doce o trece años de edad, tú siempre con tus ocurrencias.

–No mamá, mi ropa interior está manchada y tengo un profundo dolor.

–¡Mi niña! Pero... si apenas estás en los diez, qué te puedo decir, eres muy chica, tal vez... es un desarreglo, mejor vamos al médico. Sí, eso debe ser.

–Báñate y deja la puerta sin seguro, buscaré algo para que uses.

La pediatra, explicó que algunas niñas tienen sus periodos a temprana edad nos indicó sobre la higiene y bla, bla, bla. Yo no quería saber más del tema ¿Qué...que cada mes me va a pasar? ¡No puede ser! Otra cosa más, que fastidió! ¡Mejor será morir!

Sumida en pensamientos quedé ¿Si era tan normal por qué no me lo dijo mamá? Ahora, ya sé que voy camino a convertirme en adolescente y luego en adulta. Fue un baldado de agua fría ¡No volveré a nacer! ¡Me quiero morir!

Ese año, adicionaron las clases de anatomía. Los padres de familia darían su autorización por escrito. Se que hubo padres que no aceptaron. Qué tontos los que dijeron que no. Para mí fue tarde, recibí el periodo, sin saber y el resultado fue un susto terrible... lo que debe ser normal, se convirtió en anormal.

En la secundaria cambié de colegio y allí me destaqué por flacucha, mi estatura aumentó, y esas horribles espinillas eran todo un asco, otra cosa que sumar, y para colmo de los colmos mamá compraba mi ropa a su gusto, no podía usar bikinis en mi ropa interior, mis jeans eran hasta la cintura; –hice pataletas– y hasta papá, le decía:

–Déjala estar a la moda, no hay nada malo en...

El rotundo ¡No! De mi madre, lo dejó callado.

–No te das cuenta, las niñas están perdiendo su figura con ese tipo de pantalones y tal parece que se han vuelto ciegas también, no ven que están deformando su cuerpo. Y no se hable más del asunto ¡No señor, no lo permitiré! Algún día, esta niña me lo agradecerá.

Odié a mi madre, me distancié de ella, sentía que no me dejaba ser. Y nunca quiso ayudarme nuevamente a nacer.

¿Por qué me mintieron diciéndome que era bonita? ¡No lo soy! Perturbaron mi vida.

Nací en otro país, por eso mi color de piel es diferente; allí todos son de mi color. Me trajeron aquí, donde el frío atenaza los huesos más duros. Entre libros y notas, el tiempo pasó.

En mis quince abriles, todavía dicen que soy bonita, piensan que a mí edad me pueden engañar. Mis amigas tan blancas y guapas yo con mi piel chocolate ¡No, yo no soy bonita!

Una vez me atreví y a mis pocas amigas, les dije: ¿No les da pena andar conmigo? ¿Soy tan fea y poca cosa, por qué me aceptan? Ellas se asombraron y gritaron a coro:

–¡Estás loca! pareces una reina, tu porte, tu cuerpo, y una señaló:

–¡Yo quiero parecerme a ti!

–¿Qué quieres parecerte a mí? ¡Estás loca! Todas se están burlando de mí.

Debe ser un sueño y estregué mis ojos, pero allí estaban con sus sonrisas. Las miré, no dije nada y salí corriendo, me dolía el pecho.

En casa, en mi cuarto lloré desconsoladamente. ¿Por qué se burlan de mí? ¿Por qué insisten en llamarme bonita? ¡Me quiero morir! Mi soledad creció, no quería ni salir, odiaba mi vida y lo que yo era, quería cambiar, ser blanca. Iba a clases, tal vez por la costumbre o por la famosa infusión de ajenjo.

El tiempo pasó y el viaje de quinceañeras llegó. Saldríamos para Miami, luego en un crucero recorreríamos varias islas del Caribe, durante ocho días. Este paquete turístico de quinceañeras, incluía una cena de gala para el grupo y seis acompañantes, se celebraría la noche anterior de la salida, en un hotel de lujo.

Esa noche, mis amigas se veían radiantes con sus largos vestidos, maquilladas especialmente para la ocasión. Un grupo de muchachos fueron contratados para bailar el vals con nosotras, estaban impecables en sus atuendos. Nuestros padres sacaban pecho y entraban orgullosos, luciendo a sus hermosas hijas. Yo me preguntaba si los míos se sentirían igual o... ¿Estarían fingiendo?

Los pasa-bocas estaban deliciosos, el buffet decorado con frutas, para dar realce y colorido; en el centro había una gran escultura hecha en hielo, un cisne que desplegaba sus alas, verdadero artista el que la hizo, pensé.

Las fuentes de comida se veían apetitosas, con gran variedad de quesos y panes. Las mesas estaban adornadas con finos manteles y flores exóticas. Para mí una pérdida de tiempo ¿Cómo mis padres me hicieron esto? Me abochornaba estar entre tantas bellezas, me sentí insegura y no disfruté de la fiesta. Mucho tiempo después, supe que mis padres hipotecaron su casa, para darme este regalo de quinceañera. Yo nunca lo hubiera permitido. Ese no fue mi sueño, mi anhelo solamente fue "ser blanca y rubia". Yo tendría que continuar viviendo con mi color, admiré a Michael Jackson, él pudo cambiar su color. Solo es para celebridades, no para mí.

¿Cómo podré competir con mis compañeras de viaje? Tan elegantes y hermosas y yo tan, tan...fea, tan poca cosa. Qué manía la de mis padres, aún me dicen que soy bonita, que soy hermosa y para colmo hasta mis amigas me lo dicen también, yo se que lo hacen por cariño. Quisiera creerles. Miro mis ojos y los veo muy grandes, miro mis pechos y son muy pequeños ¡Los odio! Veo mis caderas y me parecen vulgares y grandes.

Llegamos a Miami con nuestras chaperonas. Mañana embarcaremos en el crucero, hoy la tarde es libre para disfrutar de las playas de Miami Beach, hace calor y el sol nos invita.

¡Qué vergüenza! Mi mamá insistió en que comprara un bikini para esta ocasión, mis curvas se ven muy pronunciadas, y mis compañeras me apuran para ir a la playa ¡Qué horror, verán mi cuerpo! Al fin salí compungida y el asombro que vi, fue general ¡Qué guapa estás!

–Tonterías, paren eso, mejor vámonos, vamos rápido. En el camino noté que las personas me admiraban; me dije: si pudiera mostrarme así, allá donde vivo tal vez cambie de opinión, pero allí el frio es terrible.

Mamá tenía razón, por primera vez lo reconozco y se lo agradezco, me veo diferente a mis compañeras, mi cuerpo está bien formado, los cuerpos de ellas se ven, un poco... es como si tuvieran dos cinturas. Si, puedo jurar que por primera vez me vi bonita, la pasé en la playa jugueteando con las olas, riendo y mirando a los jóvenes pasar, algunos se acercaron a hablar con nosotras y cuando les decíamos nuestra edad, inmediatamente se despedían. Aquí si el chico es mayor de edad, casi es un sacrilegio acercarse a una menor. Al llegar la noche, la sorpresa fue que mis compañeras parecían camarones al rojo vivo, por lo quemadas que estaban, mi piel aguantó, un beneficio extra de mi piel chocolate.

En el barco, una de mis compañeras se puso muy mal, casi no la vimos, encerrada en su camarote y vomitando, fue un viaje inolvidable para ella.

Desembarcamos en San Juan de Puerto Rico, St. Martin, Granada, St. Kit, Bahamas, St. Thomas, bellas islas del Caribe con paisajes y playas paradisíacas. A propósito en Granada el aire esparce un suave olor a especias «clavo y canela» que por ello se hace inolvidable, es una lástima que sus habitantes no cuiden la isla, una paradoja.

A los menores de edad no les permiten entrar a la discoteca, ni al casino del barco ¡Qué aburrido! Se quejaban mis compañeras, a mi me daba igual. Para mí las noches en el barco eran muy especiales, había variadas amenidades y el buffet de media noche ¡Sencillamente espectacular! Vestíamos traje de cóctel y luego paseábamos por cubierta, contemplando la luna y sus estrellas, que pequeña me sentí ante aquella inmensidad. Al final del crucero recibimos felicitaciones por nuestra conducta. De nuevo en Miami nuestro recorrido continuó ocho días más por los parques de Disney Word, un lugar mágico creado por la fantástica imaginación del Sr. Disney. En Universal Studios, la pasamos subiendo y bajando de los simuladores y las montañas rusas, que son pura adrenalina, aunque las filas eran interminables lo disfruté, una experiencia fuera de serie. Este viaje representa un tiempo feliz de mi vida.

Regresé a casa, deseosa de un descanso y de probar la comida de mamá. A mis padres les traje regalos, estaban satisfechos y felices de haberme enviado a ese paseo inolvidable. Les mostré videos y muchas fotografías que tomé.

_¿Te gustó tu regalo de quince años, hija?

_Si, má. Muy lindo, solo que no debieron gastar tanto.

Con voz dulce y suave aprovechó para recordarme:

–Hija la vida es hermosa y solo tenemos una para vivirla, acéptala tal como viene. Lo que yo daría por verte feliz, hasta mi vida la entregaría; eres muy bonita e inteligente.

Yo la miré y decidí no pelear con ella. Tal vez tenía razón, me enfocaré en mis estudios y al terminar iré a vivir a Miami. Si, ese es mi lugar ideal.

Me faltaba dos años para terminar mi secundaria y luego iría a la universidad en la Florida. Mis padres auguraban un brillante futuro para mí, yo apenas lo vislumbraba, no sabía qué estudiaría, ni que sería de mi vida, no había pensado en ello.

–Hija te ocurre algo. ¿Cuéntame, estás enamorada?

–No mami ¿Cómo se te ocurre?

Con gran pesar me di cuenta que pasé estos años lamentándome por mi color de piel y lo fea que me sentía, un manto pesado y oscuro me cubrió. Dejé pasar los mejores días de mi vida, sin pensar en un novio. No permití que ninguno se acercara. Tal fue la tristeza, que no pude decir nada más, mis ojos se llenaron de lágrimas y corrí a mi habitación.

El dolor devastaba mi ser.

Los días lentos seguían de largo, nada surtía efecto en mi, quedé estancada sin saber qué hacer. Pasé tanto tiempo sin disfrutar ¿Cómo no lo vi antes? Ahora quiero recobrar el tiempo. ¿Por dónde empezar? Me concentré en mis estudios. Bajé de peso.

Un día al salir de la ducha me vi una hendidura en el seno, palpé y sentí una pequeña protuberancia, no me dolía ¡Qué raro!

Se la mostré a mi madre esa misma tarde.

–Hija, mañana temprano iremos al doctor.

Noté su preocupación.

Me ordenaron exámenes y una biopsia. Esperando los resultados, todo parecía en cámara lenta, ya no me preocupaba ser blanca y rubia.

Y la respuesta llegó...

Desconsolada y hecha un mar de lágrimas mi madre anunció:

–Es cáncer mi niña, no lo puedo creer ¿Por qué? Eres tan joven.

Quedé helada ¿Cáncer? ¿Cómo es posible?

– No mamá debe ser un error.

¡No, no lo fue! Ahí empezó la carrera contra el tiempo, no salía de las salas de espera, entre especialistas que revisaban mi caso, terapias y quimio mi cuerpo no mostró mejoría. Mi madre acudió a las llamadas medicinas no tradicionales.

Conocí a una sanadora, con quien sostuve charlas importantes que aliviaron mi ser; entendí que lo había creado yo misma, por mi actitud y porque nunca me acepté, la enfermedad surgió como respuesta al odio que yo sentía por mi color, que convertí en obsesión.

Ante el espejo miro mi cara desencajada, sombras y bolsas debajo de mis ojos, perdí mi largo cabello, mi piel está ajada y envejecida a causa de la quimioterapia.

Hoy deseo con toda mi alma retroceder en el tiempo, para aceptarme tal como soy, y poder con orgullo decir: ¡Soy bonita! Si pudiera volver atrás... al tiempo de niña, jugar con mis amigas en la primaria y salir a fiestas y tener novio en la secundaría. No conté con que el ayer no volverá.

Ya no quiero ser blanca, ni rubia ¡Hoy, quiero otra oportunidad! Vine a aprender y lo hice, me quedan pocos días de vida. El cáncer ha invadido todo mi cuerpo; este cuerpo que nunca supe amar y cuidar.

Mi alma esta trémula y gris, me olvidé de vivir, espero mi fin. En otra vida ¡Allí me amaré!

A mis amigas, a las jovencitas de hoy y mañana.

Elijan y acepten el ser maravilloso que habita en vosotras. Uno/Una... dentro de ti vive, solo para ti. Búscalo, eres inmaculada en espíritu. ¡Y Amate, hasta el éxtasis total!

¡Eres bonita, en verdad!

Prisca Silvia Arcia

Prisca Silvia Arcia, nació en La Habana Cuba, pasó su niñez en Surgidero de Batabanó. La familia se trasladó a la ciudad de La Habana. Allí hizo estudios Secundarios y dos años de Teatro en la Escuela Nacional de Arte.

Más tarde se graduó en la escuela de Enfermería Pediátrica.

Actualmente vive en Miami. Es retirada y participa activamente en el ″Club de Literatura″ de Francisca Argüelles.

Su primer poema publicado fue "Metamorfosis" en el Periódico "Los Tiempos".

Su primera obra "Cuba la Isla del Silencio" salió a la luz en el año 2013, se puede adquirir en www.amazon.com y www.dharservices.com

Su lema es: "El que Persevera, Triunfa".

A

Mi querido nieto Giovani

DE NUEVO EN LA PARED

No se por qué me siento tan contento al estar pegado nuevamente, en esta vieja y sucia pared que no pintan desde hace más de cincuenta años. Cuando en realidad, yo debería estar llorando, pues, con el paso de tantas generaciones ya casi soy un desconocido en esta casa. No niego que estar aquí es preferible que vivir dentro de un baúl en la última habitación del desván. A donde han ido a parar todos los trastos viejos, sin valor aparente para esta nueva gente que acaba de llegar del extranjero y que no saben ni hablar español.

Se que los inquilinos anteriores me observaban con atención, sin sentir lástima de mis tenues rasgos y ni siquiera se ponían a pensar en el polvo que nublaba mi perfil, afectando las lomas de mi campo tan descolorido. Porque la necesidad de controlar la supervivencia, les tomaba todo el día y les frenaba la capacidad de poder admirar un poco de arte en mi campiña. Creo que hasta me miraban con rencor, porque las frutas de mi cesta no eran verdaderas, aún así, ajeno a sus desmanes y a sus miserias, yo intentaba impresionarlos con la exigua belleza de mi tapiz.

El miércoles, cuando me sacaron del baúl en el que ya me habían situado, casi salto de gusto al saber que volvería a ser el dueño de este tranquilo rincón del comedor, donde me han vuelto a colgar. Aquí me siento como un pez en el agua, imaginando que mis lomas son más altas que las olas del mar, en realidad, ni siquiera lo conozco. Solo he oído decir que existe una gran masa de agua salada, que la espuma es blanca y que las marejadas se rompen en la orilla, pero nunca lo he visto. He oído hablar del océano, porque las conversaciones que llegan hasta aquí cubren mi entorno de anécdotas curiosas, pero me hubiera gustado conocer el mar y disfrutar de una puesta de sol desde la arena de la playa.

Sin embargo, aunque tengo que vivir colgado al cartón tabla del pasillo más oscuro de la casa, esquivando las miradas burlonas de los jóvenes, que de vez en cuando me quiñan un ojo para hacerme saber lo viejas que están las tradiciones de mi lienzo, por la rara expresión que tienen los borrosos surcos de mi paisaje campestre, y de haber tenido que prescindir de conocer el mar, estoy feliz, porque he vuelto a renacer gracias al abuelo de la familia, el que siempre dormía las siestas después de almorzar, allá en el exilio, ajeno a las costumbres americanas. Quien se percató de mi existencia y después de lloriquear un poco por tantos recuerdos que le trajeron mis figuras, secándose los ojos con la manga de la guayabera me libró de la envoltura y en una actitud solemne, volvió a colgarme en el lugar de siempre. Luego sonrió complacido echándole un vistazo al cielo, con la mirada perdida en el espacio. ¡Estaba tan contento el abuelo¡ Parecía un niño al que le hubieran devuelto un juguete extraviado.

El baúl del desván no fue mi primer destino por hacerme viejo, hace un par de semanas me trasladaron a un carro lleno de trastos e intentaron venderme en una feria, no obstante, por culpa del desastre de mi ajada imagen, no pudieron deshacerse de mí. Entonces decidieron restaurarme, y como no encontraron un pintor que lograra hacer un milagro sin cobrar una fuerte suma de dinero por su trabajo, me envolvieron en un periódico y me llevaron a una casa de empeño para saber el precio según mi antigüedad. Por suerte fue tan poco lo que pretendieron pagar los tasadores, que no hubo razón para venderme. Por lo que resolvieron devolverme al carro, y llevarme a la casa para guardarme en el baúl de los recuerdos.

Creo que el milagro sucedió, cuando me regresaron al bendito carromato y las flores artificiales que estaban dentro de un búcaro abandonadas a su suerte salieron a recibirme, exprimiendo sus finos pétalos contra mi tela. Las cuales se derritieron con el calor del sol y bañaron las rosas de mis cestas con sus brillantes colores. Convirtiendo mi diseño, en un lienzo al estilo Van Gogh. Al poco rato, entre los vaivenes del carretón me fui deslizando poco a poco. Dando tumbos por todas partes, fui a chocar contra una cámara vieja que disparó su flash en cuanto me acerqué a su botón intermedio, y las frutas que los chicos tenían, dispuestas para el almuerzo de esa tarde, se tomaron una foto obligatoria junto a las flores de mi tela, quedando grabadas sobre la mesa del comedor la estampa que representaba mi paisaje. Ahí no paró la cosa, con tanto movimiento tropecé con una lata de laca que estaba mal situada detrás del palo principal del carrito, al querer huir de los melones que me estaban aplastando. De este modo, las flores y las frutas se vistieron con nuevos matices, y más tarde resplandecieron con un brillo exagerado luciendo el barniz que se derramó sobre mi paño. Un espejo quebrado reflejó la imagen de mis recientes pinceladas me asustó, porque yo no había visto mi nueva litografía renovada, y tenía otra idea de mi arcaica pintura.

Poco a poco, me fui quedando solo dentro del baúl, los chicos vendieron hasta las palanganas, mientras yo seguía dando saltos, tratando de acercarme a las flores y a las frutas para darle las gracias por avivar mis figuras. Más tarde, con una breve excusa, me alejé de los demás cachivaches y conseguí arrinconarme detrás del baúl, buscando un poco de silencio durante el resto del viaje. Con verdadera paz y agotado por el cansancio, me sumergí en un profundo sueño.

A la mañana siguiente, cuando me sacaron del baúl abrí los ojos y me sentí orgulloso de este nuevo paisaje que me ha dado la alegría de sentirme un pedacito del alma cubano-americana que ahora habita en esta casa.

Soy muy dichoso, porque ya estoy otra vez, en el lugar de siempre, de donde nunca debí haber salido; antes de que llegara el desgobierno y el entierro de Castro. Acontecimiento por el que tuvimos que esperar más de medio siglo, para que sucediera, convertido en una obsesión tan fuerte para los cubanos del exilio, que la idea de su muerte se tenía como un hecho real dentro y fuera de Cuba. Por eso cuando Castro dejó este mundo, la noticia de su muerte no asombró a nadie, porque ya estaba muerto y enterrado en miles de pensamientos al derredor del universo.

El pueblo de Cuba logró sobrevivir a la destrucción física y mental que este mal gobernante, con siete vidas como los gatos, les grabó en el alma a las familias. Aunque para lograrlo muchos tuvieron que emigrar y trabajar muy duro en el destierro, vagando por el mundo durante largos años, llevando dentro del corazón el dolor de estar lejos de la patria, y sembrando sus raíces cubanas por todas partes. Por eso este país había quedado vacío, y esta casa carecía de cuadros en las paredes. Aún así, ni los años, ni la distancia, pudieron impedir que los cubanos dejaran de soñar con el regreso al pueblo que les vio nacer. ¡Sin importar que un loco intentara cambiarles su mundo y sus costumbres! porque el tiempo es el mejor amigo de la verdad y solamente Dios conoce y puede echar a andar los designios del ser humano.

Por suerte, ya han cambiado las cosas y muchos de los hijos y los nietos de exiliados han regresado a Cuba. Ahora mi Son, se canta otra vez con alegría en mi tierra, aunque tenga un acento extranjero, aunque me cueste trabajo entender lo que dicen y lo que cantan estos muchachos. ¡Se acabaron las penas, las separaciones de las familias y los llantos en los aeropuertos! Ahora puedo pensar con claridad. Todo tiene un por qué. Ya estamos seguros de lo que somos. ¡El cubano ha vuelto a Cuba, su tierra natal, a vivir en paz!

Ya ven, yo creía que había llegado mi final en aquél baúl, y aquí estoy en el futuro, en mi casa, con las mismas ilusiones de siempre. Con esta nueva gente que acaba de llegar del extranjero, hablando en cubano "chapurreao" y llevando en su interior las mismas ansias de libertad que se respira en mi lienzo colgado en la pared.

De pronto, un grito reubicó esta historia en el triste entorno del exilio:

–¡Paco, despierta!

–¿Qué pasa?

–¡Estás hablando como un loro! ¿Qué es eso de que Castro se murió? ¿Por qué te has convertido en un cuadro viejo, y que ahora estás allá en tu casa, con tus nietos, viviendo en Cuba libre?

–Sueños, mi hija, sueños. ¡Añoranzas y muchas cosas más, que algún día llegarán a hacerse realidad!

Injusto destino que equivoca los pasos
Prisca Silvia Arcia

LAS ESPONJAS GIGANTES

Cuando el sol se pierde en el horizonte, las nubes parecen cabecear entre los placeres del azul celeste, dejando asomar la tarde saturada de profecías y requiebros, entre los angostos callejones del astillero. Mientras Dorita, ajena al peligro de las sombras que levemente envuelven las aguas salobres del gran océano, sentía deseos de mojar su naturaleza virgen dentro del lodazal, a solo dos pies de profundidad, braceando el litoral de punta a punta. Cual golondrina errante, vagaba por el muelle, sumergida en las coplas del amor. Una y otra vez salvaba distancias entre su morada y la costa, entonando canciones que trascendían los límites del espacio y se perdían en la lejanía. Como liebre silvestre aceleraba los latidos de su corazón danzando sin parar, hasta caer rendida sobre las esponjas gigantes del gremio. Recinto solitario y sombrío al oscurecer, que en las mañanas resplandecía para dar cabida a los obreros del poblado, quienes al final del día marchaban a sus casas emanando olor a salitre y amoniaco de los bacilos, después de redondear los protozoos y extraerles el *caribe, inmensamente dañino y fastidioso para la restregada en la ducha y los aseos del hogar.

En el muelle, cientos de barcos permanecían anclados, atados a rollizos y pegajosos polines, empotrados de moluscos y conchas matizadas. Barcas sin destino agitaban los cuerpos de los fornidos tripulantes con ojos golosos y sonrisas atrevidas. Marineros que regresaban al puerto en cada menguante, sedientos de caricias ajenas, deseosos de recrearse en las ligeras faldas de las traviesas pueblerinas. Pero a Dorita no le inquietaban los misterios del mar, ni se escapaban temblores de sus carnes cuando los fuertes brazos de las olas, acariciaban la desnudez de su figura acostumbrada al vaivén de las febriles marejadas, que la transportaban a un mundo irreal en el crepúsculo del atardecer. Cada minuto contaba para poder disfrutar con deleite, el calor de las aguas recalentadas por los rayos del sol, antes de que la odiosa oscuridad envolviera bajo su manto, los sensuales movimientos de la alegre chiquilla apremiada de chapuzones. El disfrute era eterno, el mundo se tornaba pequeño e insignificante ante los ojos de la gacela, ni siquiera una esquela de advertencias en contra de los monstruos marinos, o el conspiro de los temibles tripulantes, le devolvían la razón a Dorita.

Nadar hacia las profundidades, sumergir los sueños en el fango y perderse en el horizonte, precisaba su mayor ambición. Luego, despertar y atreverse a recorrer las calles desiertas, a la bartola, en medio de las penumbras de la noche, saltando mil veces sobre las esponjas, de regreso a la realidad. Hasta que una tarde, las sombras de las esponjas gigantes ocultaron el combate arisco, que derramó podredumbre sobre el cuerpo empapado de salitre de la joven. Sus ojos alucinaron para siempre, dejando escapar miradas de espanto hacia los curtidos marineros del arsenal. El severo ataque fue un secreto bien guardado en el corazón de Dorita, que sola, y mal vestida, recorría las calles elevando la voz al cielo, en cada dardo afilado que brotaba de sus labios temblorosos. Durante varios meses las canciones más tristes ensordecieron el espacio adolorido de la playa. Todos pensaban que Dorita había perdido la razón, sin imaginar el intenso duelo que llevaba en el alma la pobre doncella. El pesar se le clavó en el sueño, estremecida por las horas de insomnio esperaba la aurora sin pegar los ojos, resignada a soportar los ardores del verano que abrazaban las paredes de su dormitorio. Los recuerdos transformaron su mente en un caudal de inquietudes, reía a carcajadas sin motivos, y su mirada siempre fija en el muelle, codiciaba el salitre de la playa, anhelante de regresar al pasado en cada oscurecer.

Con el paso del tiempo todo pareció regresar a la normalidad, cada tarde, investida de misteriosos bríos, la chiquilla emprendió nuevamente las andanzas por la orilla de la costa, tarareando canciones de amor sin equivocar la letra. Nuevamente volvió a ser la doncella coqueta, amante de las conchas nacaradas, cual cetácea que doblegaba su voluntad a las olas del mar.

–¡Está enamorada!, gritaban a coro, los marinos del astillero. Abalanzándose sobre las flores de su pelo, mientras acariciaban a la insensible harapienta enajenada, que por dos reales, reía sin control entre sus brazos para que ellos disfrutaran la frescura de su vientre. Ajenos a los pensamientos de la mozuela, que esperaba en silencio, un nuevo encuentro con su vil agresor.

¡Gritos, voces de alerta!, y una estocada acometida con furia aturdida, se clavó en el pecho de un asqueroso banquero viejo y rechoncho, que nada tenía que ver con los retozones marineros. Quien después del ultraje había regresado al litoral esa tarde, creyendo que su cruel ofensa había sido olvidada.

El sablazo, lanzó el sujeto a la tumba y a la excéntrica Dorita, le dio paz interior. Los guardias costeros la arrastraron hacia el manicomio y después a la cárcel, donde pasó diez años entre rejas. Luego de la condena con el mote a su haber y un cuerpo escultural, la temible Dorita regresó al hogar cerca de la costa marinera, más gozosa que en ningún tiempo, entonando preciosas melodías de la época y mostrando su tez bronceada, acariciada por el largo cabello negro como la noche. Su inquieto andar seguía precipitado, sus ojos verdes brillaban con destellos indescifrables, pero su voz, era la misma voz cristalina de adolescencia, con una potencia mejorada. Atraía las contemplaciones de los caminantes, como antes, las invitaciones llovían para los guateques, y las ofertas de los artistas que llegaban al pueblo en busca de nuevos valores musicales, hacían que Dorita, entusiasmada, informara a sus padres los deseos de volar hacia la fama. Pero ellos se negaron a consentirlo, por tontos prejuicios. –¡Total, que más puede pasarle a la Dorita!, murmuraban los que conocían el secreto de su mocedad.

Pero se equivocaron, pues, en su largo bregar por el mundo, Dorita rodó por el lodo del astillero muchas veces, se enredó con capitanes y centinelas, llevando en su andar peregrino la imposibilidad de razonar. En los peores años de su vida, tuvo la suerte o la desdicha de escaparse con un iletrado adinerado que araba la tierra, empujado por la euforia de cada borrachera, con el que a los pocos días de la fuga, sus padres le obligaron a casar. Con él, aprendió a embriagarse, a parrandear de madrugada, y a lanzar botellas de cervezas. En repetidas ocasiones ella terminó la fiesta en los presidios pagando multas, y el cultivador en el hospital con más de cuatro puntos en la cabeza. Por cada trifulca que protagonizaban, la pareja concebía un hijo, hasta llegar a cinco. Luego se distanciaron, pero Dorita en su viudez, heredó la finca y los bueyes, la casa y los aparejos. La deshonra, el dolor y la mala vida arruinaron la mente y la belleza de la diosa aceitunada, si bien, los juramentos de venganzas desaparecieron. Cuentan que sus riquezas se apagaron de tanto hacer favores. En su vejez, se le veía pasear por los muelles del astillero entonando las mejores canciones de la época, sin ningún rencor hacia los marineros, que jamás se atrevieron a tocar el cuerpo mancillado de Dorita.

María Cecilia Blanco

María Cecilia Blanco nació el 12 de julio de 1947 en La Habana, Cuba.

Estudió Licenciatura en Geografía en la Universidad de la Habana. En 1983 salió de Cuba para Venezuela y actualmente vive en Miami, Florida.

Desde muy joven escribía versos, sus amigas le pedían que les hiciera versitos para poner en regalos.

Escribe versos con rima, prosa poética y pequeños cuentos.

Le gusta hacer acrósticos, aunque son difíciles, los considera un reto...

Ganó Mención de Honor en el VII Concurso Internacional de poesía del Club Cultural de Miami "Atenea". La obra premiada fue un acróstico: DIGAMONOS ADIOS.

Pertenece al "Club de Literatura" de Francisca Argüelles, participó en la antología Navegantes de Palabras en el 2012

VISITA

Estaba sentada cómodamente en el sofá viendo la televisión, cuando tocaron. Al dirigirse a la puerta se preguntó extrañada quién podría ser. No acostumbraba a recibir visitas y menos a esta hora de la noche.

Al abrir quedó sin palabras. ¡Frente a ella estaba el amor de su vida! Hacía muchos años que no se veían, sin embargo, él no había cambiado nada. Conservaba esos ojos verdes enormes de los que se había enamorado, sólo tenía el cabello más largo. Le sonreía. No se saludaron, solo se abrazaron y lloraron.

Pasaron a la cocina y ella sirvió dos copas de vino. Él la observaba, todavía sin hablar. Ya en la sala se sentaron muy juntos y brindaron por los viejos tiempos. En voz muy baja, casi susurrando y con las manos entrelazadas, se pusieron al día de sus respectivas vidas mientras bebían lentamente.

Casi sin darse cuenta fueron intimando más y se desvistieron. Hicieron el amor como siempre lo habían deseado pero nunca lo habían hecho. Sin apuro, con deleite. Se amaron en la penumbra que los envolvía. Satisfechos y abrazados se quedaron dormidos.

Los fuertes golpes en la puerta la despertaron, era el joven que le traía el periódico todas las mañanas. Todavía confundida, trató de recordar por qué había dormido en el sofá de la sala.

Abrió el periódico, como siempre desde hacía 30 años, en los obituarios. Allí estaba su nombre. Había venido a despedirse.

MARIA CECILIA BLANCO

20 de octubre 2013

Hugo Blanco

Hugo Blanco es cubano y reside en la ciudad de Miami. Es ingeniero electricista y escritor. Ha publicado tres novelas: "VIVENCIAS", "LO QUE NO DIJISTE A TU PADRE" y "PUENTE ENTRE DOS TIEMPOS". Su novela "LO QUE NO DIJISTE A TU PADRE", mereció una entrevista para "EL NUEVO HERALD".

Ha participado en dos de las antologías del "Club de Literatura" de Francisca Argüelles. Llamadas "Un Horizonte Literario" en el 2010 y "Navegante de Palabras" del 2012

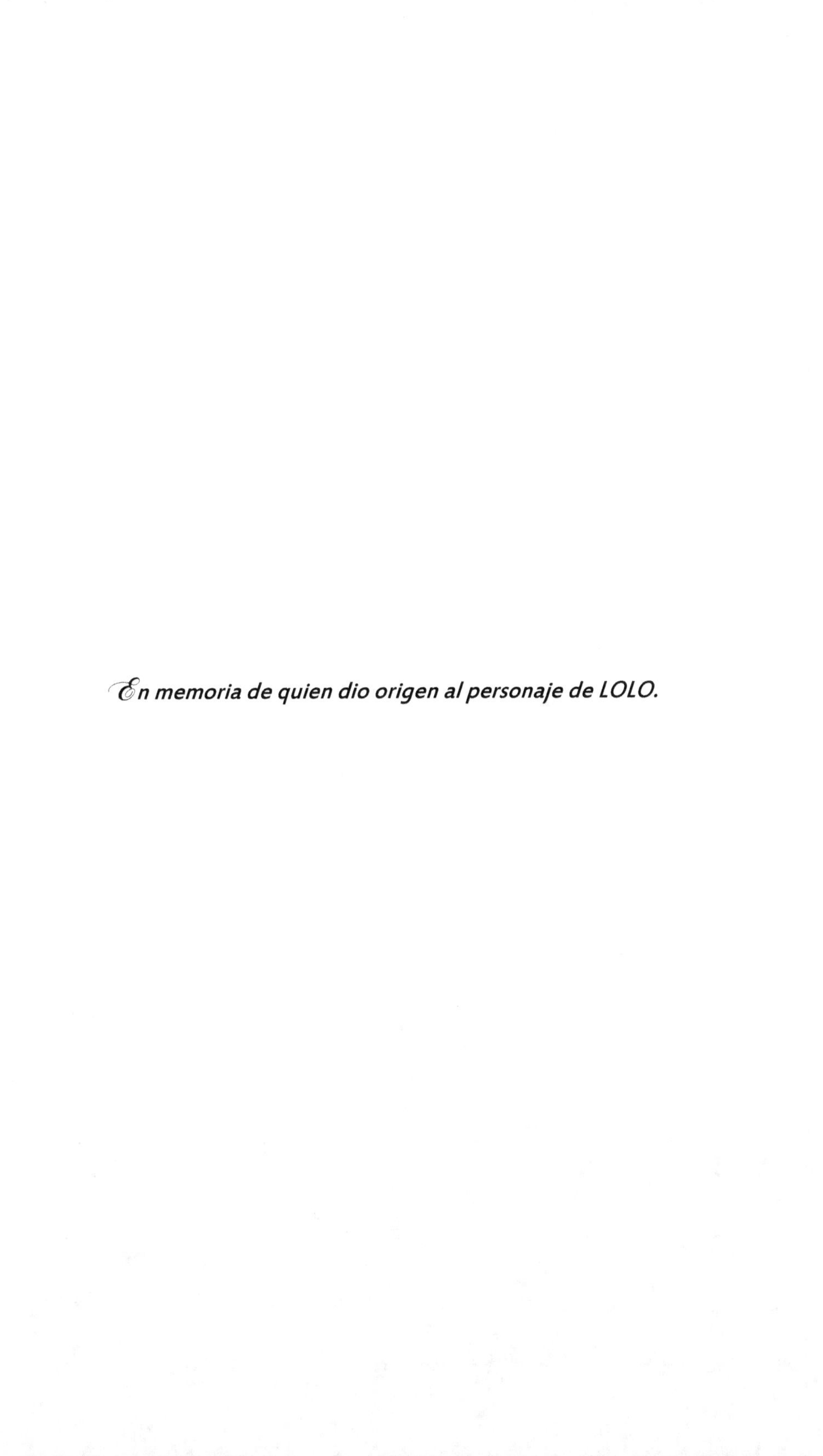

En memoria de quien dio origen al personaje de LOLO.

LOLO, UN SER ANÓNIMO

Cuando se escribe un relato sobre una persona real, generalmente se hace porque la misma posee una serie de atributos, o porque ha hecho algo fuera de lo común, y eso justifica que su vida quede plasmada en el papel. De modo que, los personajes llevados a la letra impresa han sido escogidos mediante un análisis cualitativo, porque sus cualidades o acciones los han hecho merecedores de esta dedicación. Dicho de esta manera, parecería un poco elitista el método de selección, pero en la vida real es así como funciona. El hecho de ser elegido, no necesariamente responde a méritos; a veces se destacan y es por la maldad, por el crimen, etc. Como muestras de personajes de esta índole que han sido llevados al papel en múltiples ocasiones tenemos a Adolfo Hitler, Benito Mussolini, José Stalin, Fidel Castro y otros.

He hecho esta introducción porque el personaje escogido por mí, y que da nombre a esta historia, es la antítesis de todo lo dicho, y fue escogido atendiendo a otros parámetros: se eligió en base a un criterio cuantitativo; o sea que aquí, no se le dio peso a las cualidades del personaje, sino a las muchedumbres que este representa.

Muchos se preguntarán por qué hago esto, y yo respondería: va siendo hora de que alguien se haga eco de los "Don Nadie"; de los desposeídos de fortuna, talento o valor. De esos seres anodinos que "pasarán por la vida sin saber que han pasado". Quienes no dejarán huella, y serán olvidados con relativa facilidad en cuanto se vayan de este mundo. Los que no pretenden trascender porque ni tan siquiera saben el significado de esa palabra. De manera que nuestra "heroína", es un ser común, simple, insípido. Decía antes, que ella encarna a las muchedumbres, y como las muchedumbres son "muchas" (valga la redundancia), es justo que uno de los suyos merezca, aunque sea, un par de párrafos. La elegida, porque es una mujer, es conocida por el sobrenombre de LOLO. El lector pensará que si me he propuesto dignificar a los "sin historia", por lo menos debía mostrar un poco más de respeto y presentarla por su nombre, formalmente, para no ser tildado de irreverente. A quienes piensan así, les confieso que ni aún haciendo uso de la más profunda abstracción, he podido permitirme el lujo de llamarla por su verdadero nombre. Para explicarme, diré que después de haberla conocido por más de treinta años, observé que nadie jamás, la llamó por su nombre. Nunca, "entes o parientes", le concedieron tal distinción.

Ya va siendo hora de que introduzcamos el perfil de LOLO: era una mujer, que se caracterizó por un físico en el cual no había nada que resaltar: no era bella, sensual, o poseedora de una contagiosa sonrisa. Nada prominente en su rostro: nariz sin marcado perfil; labios mustios y pequeños; ojos grises y de lánguida mirada; cabello escaso y ralo.

Como para ser coherente, su carácter, si es que lo tenía, se conjugaba con su físico: era sumamente callada, hablaba en voz baja y no gesticulaba. Cualquiera diría que tenía, como única pretensión, pasar inadvertida. Dada su personalidad, se hacía muy difícil, por no decir imposible, tomarle cariño. El amor o su antítesis, el odio, son sentimientos que solo damos a quienes nos motivan a ellos. Para generar pasiones, se tiene que poner pasión, y LOLO estaba exenta de tan intensa emoción. Esta mujer de personalidad insípida, era tal cual un objeto, y a los objetos, no se le puede odiar o amar. Un leño, no puede provocar emociones en el ser humano, porque el mismo es pasivo, no interactúa. La emoción es un sentimiento que necesita de estímulo, para generarse, pero nuestro personaje pecaba por omisión.

Si pobres eran su físico y su "carácter", peor era su vocabulario: era sumamente reducido, porque entre otras razones, jamás le oí usar un adjetivo calificativo. Ella era incapaz de calificar a algo o alguien. Como consecuencia de esto, ella era fanática de los "términos ambiguos" tales como: quizás, tal vez, a lo mejor, todo es posible. Cuando la acorralaban y no le quedaba otra alternativa que responder con un "si", o un "no", buscaba una excusa para interrumpir el diálogo. Pero, ¿acaso era posible un diálogo con LOLO?

El caso es que, a pesar de su anodina personalidad, ella era una buena persona.

Siempre he pensado que, entre todas las faltas, la falta de carácter, de personalidad en el ser humano, es un mal muy pernicioso, porque inspira bajas pasiones tanto entre los seres buenos, como en los despiadados. Me explico: la persona carente de personalidad, incita, aún a las buenas personas, a que abusen de ellos. Los seres humanos, por naturaleza, necesitan que se les pongan límites y cuando eso no sucede, ellos se extralimitan y tratan de aplastar a los débiles. Por eso rechazo la falta de carácter, y no es necesariamente por el daño que hacen, porque esto no es cierto, sino por sacar a flote los más bajos instintos en los demás.

El tratar de hacer un perfil de LOLO, me ha resultado muy difícil, porque es algo así como pedirle a un pintor, que pinte lo etéreo.

La conocí desde mi llegada al mundo. Se podría argumentar, que la he conocido en una etapa de su vida, pero no se cómo fue antes de eso, y ello no es suficiente para emitir un juicio. Puedo responder que he pasado, con minuciosa obsesión, largas jornadas pensando en esta mujer. Creo que llamó mi atención, en cuanto la conocí. Para convalidar mi historia, pasaré a relatar, cómo ha sido su vida.

La "selección" que ella hizo de sus padres, fue consecuente con lo que iba a ser su destino: resultó ser hija de un matrimonio sumamente pobre; como si hubiera sido poco la pobreza, se le ocurrió ser la primogénita; como es de suponer, la condición privilegiada, de hija única, le duró apenas ocho meses, porque la madre se las ingenió para tener una bebé de siete meses y poco después, tuvo otros tres embarazos. Para colmo de desgracias, todas fueron hembras. Vemos que el sexo escogido por LOLO, fue el único que hubo entre los hijos.

He visto fotos de la época, y en ellas he podido comprobar lo que suponía de antemano: que no fue una niña bella; sus ojos eran inexpresivos, su pelo ralo, el color de su piel blanco cetrino. He interrogado, muy sutilmente, a la madre y a las hermanas. Le pedí a la madre que me relatara alguna travesura de

LOLO; algún hecho gracioso como todo niño ha tenido, y después de mucho pensar dijo: "No recuerdo alguno; creo que no lo hay". Cuando le pregunté acerca de las otras hijas, echó una sonrisa picarona y dijo: " eran terribles; sobre todo con la pobre LOLO". Cuando hablé con las hermanas, se deshicieron en carcajadas relatándome anécdotas en las cuales tuve la curiosidad de observar que siempre le tocaba a ella, el papel más feo.

Por ser la mayor, sus juguetes fueron sus hermanas, ya que debió ayudar a su madre en la crianza de todas. Su escolaridad no rebasó la primera enseñanza; he visto algunas de sus notas y, a duras penas, lograba aprobar las asignaturas. A temprana edad en la juventud, tuvo que abandonar los estudios para empezar a trabajar y ayudar a sufragar los gastos de la casa. Gracias al sacrificio de LOLO y su padre, sus hermanas pudieron estudiar y además, no tuvieron que trabajar, como ella, durante la adolescencia. Pagaba así, aquella pobre predestinada, las consecuencias de haber sido la primogénita.

Creo que no debo continuar el relato sin decir su nombre: se llamaba María Dolores, pero, desde que nació, sus padres, hermanas, hijos, marido y amigos, la llamaron LOLO.

Como yo siempre le estoy buscando la lógica a todo, me puse a pensar, ¿por qué ese apodo? Pienso que todo tiene su razón de ser, y ahí va mi conjetura al respecto: el ser humano, aún el menos dotado, tiene un cierto instinto que le es innato, y le permite definir a la gente de una manera inmediata. Dicho esto, viene el porqué de LOLO. Para un ser tan insignificante como ella, era demasiado pomposo llamarla María Dolores; era un nombre largo y altisonante, que no congeniaba con el personaje. Ella merecía un "nombre" que fuera breve, fácil de pronunciar y neutro. Alguien, no pude averiguar quién, procesó mentalmente todo lo que he mencionado y lanzó al vuelo, cual grito de Eureka: ¡LOLO! Imagino que todos se miraron, digirieron la propuesta y llegaron a la conclusión de que ese "nombre" reunía todos los requisitos: corto, fácil de pronunciar, pegajoso (solo tenía dos consonantes repetidas y dos vocales repetidas que, para colmo formaban dos silabas iguales LO-LO). No cabe duda de que al creador del "nombre", se le puede señalar como uno de los pioneros de la síntesis.

En mi esfuerzo investigativo, logré contactar a una de sus ex-compañeras de trabajo. No quería aventurarme a vaticinar como era ella, en la vida social y laboral. En ocasiones, sucede que una persona es muy tímida como para proyectarse socialmente, pero sin embargo, tiene un mundo interior muy rico, del que solo disfrutan los allegados, y a veces sucede lo contrario: son inhibidos en su círculo íntimo, pero son extrovertidos en el mundo exterior. Existe una tercera categoría: los que son inhibidos en los "dos mundos". Resulta fácil intuir que a este último grupo se afilió nuestra "heroína". Pude averiguar que trabajó en un taller de costura. Allí, se dedicaba a coser botones, en una cadena de producción. Era una tarea que no demandaba el uso del cerebro: repetitiva y sumamente monótona. No sabría decir si la plaza fue diseñada para LOLO, o ella fue diseñada para la plaza, pero lo cierto es que eran como anillo al dedo la una y la otra.

Sabido es que las personas con bajo cociente de inteligencia, son obsesivas con las tareas manuales, más aun cuando son repetitivas. Dicho esto, es fácil suponer que fue una trabajadora incansable, a tal extremo que se ganó la enemistad de las compañeras, porque a todas las median tomando como referencia, la productividad de la susodicha. Como dije antes, las personas como ella provocan bajos instintos en cuantos la rodean. El caso fue que por acción y reacción, en un mecanismo elemental de defensa, sus compañeras empezaron a intrigar, con la jefa del taller, quejándose de supuestas irregularidades de LOLO en su trabajo. Fue tan masiva la confabulación, que al final la jefa llegó a la conclusión de que la acusada, era buena trabajadora, pero resultaba ser una persona muy "conflictiva", que generaba la discordia en aquel recinto. Sin más ni más, nuestra protagonista fue despedida.

Cuando eso sucedió, la pobre mujer recibió el reproche de su familia, por lo irresponsable que había sido al perder su empleo. Ella se deshizo en explicaciones y disculpas. Para todos, siempre era "culpable hasta que se demostrara lo contrario".

Poco después, conoció al que fue su único novio y marido. El hombre elegido...por sus padres, era justo lo que ella necesitaba para seguir desarrollando, como hasta entonces, su papel de ser pasivo e intrascendente. Él era un hombre violento y despótico. Cuando llegó a escena, LOLO acababa de perder el trabajo. La familia, vio los cielos abiertos, porque el sujeto en cuestión, gozaba de buena posición económica. De modo que se hizo una reunión familiar, y después de mencionar el estado de las finanzas, todos comunicaron a LOLO, su opinión al respecto, sin siquiera preguntarle qué pensaba. Ella se inmoló una vez más, y poco tiempo después se casaron. He visto fotos de la boda y en ellas se le ve tan inexpresiva, que de no ser por el traje de novia, no se podría definir si estaba en una boda, o en un funeral.

Aquel matrimonio, o mejor martirologio, lo llevó ella con la resignación de costumbre; en aquella unión, él era la voz y ella el oído receptor.

Como me gusta cubrir todas las facetas en las que se desenvuelve el ser humano, mientras veía las fotos de boda, se me ocurrió pensar en cómo sería ella, en una relación sexual; por más que quisiera, no me la podía imaginar llegando al éxtasis, presa de una desenfrenada lujuria. La concebía mejor, obedeciendo los reclamos de su marido, con mecánico gesto. En este aspecto, no hay mucho que decir, porque LOLO, jamás, dejó escapar el más leve comentario; su pudor le impedía siquiera hacer un cuento subido de tono, y cuando alguien lo hacía, se retiraba; lo curioso es que no se ruborizaba, pero pensándolo bien, el rubor es producto de una sensación y LOLO estaba exenta de ellas.

A los tres meses de casada, se pudo comprobar que, al menos, era capaz de ser fecundada. Su embarazo transcurrió normal, carente de mareos, vómitos o excéntricos antojos; llevó a su hijo, en el vientre, con su soberbio anonimato de siempre. El parto fue sencillo y resultó ser un varón de peso y tamaño promedio. He visto una foto de ella con su primer hijo, acabado de nacer, y si bien es cierto que lo tiene abrazado, también es cierto que no se ve cara de fatiga, o satisfacción en aquel rostro carente de expresiones faciales. Producto de esto, no tenía una sola arruga. Ya que he hablado varias veces de sus fotos, siempre me llamó la atención comprobar que jamás la vi sonreír.

Tuvo cuatro hijos, y los cuatro fueron varones; no pudo darse el lujo de tener una hembra, una compañera para la vida. No es necesario decir que los hijos le decían LO-LO; aquella mujer jamás oyó el tierno llamado de "mamá", pero, sin embargo, a su padre, todos le decían papá; y después dicen que los niños no saben. Este fue el hecho definitivo que vino a llamar mi atención sobre esta mujer. Así fue transcurriendo el tiempo, en un hogar en el que los hijos aprendieron a desdeñar a su madre, y solo la llamaban cuando necesitaban de sus servicios. De modo que LOLO nunca se hizo sentir en la vida; hizo en cada caso, lo que los demás querían; fue devota de los caprichos de su familia, su marido y sus hijos.

Tiempo después, aparecieron en escena las que posteriormente serian sus nueras; ninguno de los hijos se tomó el trabajo de pedirle opinión; para qué hacerlo si de seguro diría "me parece bien", independientemente, de que fuera la más virginal doncella o la más reputada prostituta. Eso sí, solo la tomaron en consideración una vez en que decidieron someter a votación algo por lo cual discutían y LOLO, ni corta ni perezosa, se abstuvo.

Los hijos se casaron por la iglesia y a ella le correspondía, por su condición de madre del novio, ser la madrina de boda, pero no se sabe por qué azar, ese puesto se lo ofrecieron en cada caso a la madre de la novia. Al poco tiempo, comenzaron las rencillas entre los hijos y las esposas, porque estos pretendieron repetir el patrón de conducta que vieron en su casa. Ninguna de las mujeres, estuvo dispuesta a hacer el papel que desempeñaba LOLO, y más de una nuera la reprochó por haber malformado a sus hijos.

Vino así, el primero de una sucesión de nietos y a su larga colección de títulos ausentes, ella tuvo que agregar el de abuela, porque para ellos también fue LOLO. Para la pobre mujer, no había cumpleaños, aniversario de bodas o día de las madres. En lo que a los nietos se refiere, Víctor Miguel, su marido, fue tan caprichoso como en lo demás, y por ello hacia ostentación de su pasión por unos y su desdén por otros. Debido a eso, ella solo iba a casa de los "elegidos".

A muy temprana edad, Víctor Miguel hizo gala de su desconsideración hacía su mujer, al escoger como trámite para la muerte, una enfermedad tan larga y angustiosa como la demencia senil. Haber muerto repentinamente, habría sido interpretado como un síntoma de debilidad de él, por haberle evitado mayores molestias. Al principio, todo consistió en pérdida de la memoria y accesos de cólera. Está por demás decir que LOLO no se movió ni un minuto de su lado, y lo mantenía muy atendido; cuando alguien criticaba los excesos en su atención, respondía: "es mi deber". Con el tiempo, el hombre tuvo una trombosis cerebral y se hizo cada vez más dependiente de su mujer, hasta que al fin, al cabo de dos años de angustia, falleció.

La abnegada esposa, quedó tan extenuada que a duras penas pudo escapar de la muerte. ¿Cómo fue LOLO en los funerales? Fue hermética, no lloró ni tuvo un ataque de histeria, y en más de una ocasión, alguno que otro le robó el papel protagónico.

Después de pasar unos días en casa de su madre, LOLO volvió a su casa, y se sintió absolutamente desconcertada: por primera vez en su vida, estaba sola, y sobre todo, no tenía quién la mandara. Ese estado para ella, era como estar en la ingravidez. Unos pocos años antes, su padre había muerto, y poco después su madre quedó postrada debido a una artritis deformante. Como consecuencia de esto, sus otras hermanas, rotaban a la madre, por cada una de sus casas, por espacio de una semana. Hasta entonces, ella había escapado de la "rotación", por la enfermedad de su marido. Una vez muerto su consorte, las hermanas vieron los cielos abiertos y decidieron que la madre debía ir a vivir a casa de la hermana mayor. De esa manera, se resolvían dos problemas a la vez: la anciana tenía quien la cuidara, y "la pobre" LOLO, no estaba sola.

Durante los años que estuvo casada, ella casi perdió el contacto con su familia, porque su marido, tan absorbente, la alejó. Así que este fue un reencuentro con los suyos. La madre no era mala, pero a la primera oportunidad, le reprochó la prolongada ausencia.

En medio de esa vorágine, su hijo menor, al cual llamaban Junior, se divorció y por razones económicas vino a vivir a casa de su madre, de modo que ella tenía dos nuevos clientes. Tres años demoró la madre de LOLO, en irse al más allá. En los funerales pasó lo de siempre; a tal extremo que tuve la oportunidad de oír un dialogo que se produjo entre dos hombres sentados a mi lado:

–Esas mujeres, que lloran desconsoladamente, ¿son hijas de la difunta?– preguntó uno de ellos.

–Si- respondió el otro.

–Se ve que la querían mucho.

–Oh, sí.

–Y la otra mujer, ¿es de la familia?

–Sí, es otra de las hermanas.

–Luego, ¿es hija de la muerta?

–Sí, la hija mayor.

–Pues no lo parece, porque ni siquiera está llorando.

Decididamente, los seres humanos tienden a juzgar por las apariencias.

El caso es que LOLO regresó a su casa acompañada por Junior. De este, se puede decir que heredó el carácter despótico de su padre y no demoró mucho en avasallar a su progenitora. Al poco tiempo, y para colmo de desgracias, Junior se casó con una mujer muy autoritaria. Después de haber pasado los últimos cinco años, luchando con enfermedades y muerte, esto era lo que le faltaba a la pobre LOLO.

Comenzó así, una situación nueva para ella, porque fue espectadora de verdaderas batallas campales entre Junior y su mujer, y ella no estaba acostumbrada a eso; estaba acostumbrada sí, a que su marido la maltratara, pero no a "peleas", porque nunca se atrevió a confrontar a alguien. Pasaron tres años y en ese intervalo, Junior y su mujer lograron lo que Víctor Miguel y la madre, no habían podido lograr: poner a LOLO en una crisis de nervios. Cada vez que ellos discutían, terminaban descargando su ira en la pobre mujer. Quizás la cogieron ya gastada, pero el caso fue que, la "inconmovible", se convirtió en un manojo de nervios. Sus manos temblaban, y un tic nervioso apareció en su mejilla derecha.

A pesar de todo, ella no llegó al extremo de exigirles que abandonaran su casa; eso habría sido pedirle demasiado. En medio de aquella locura, la mujer de Junior quedó embarazada y decidió que debían mudarse al cuarto de LOLO, porque era más grande, y así el niño podría dormir con sus padres. Sin más ni más, la dueña de la casa pasó a ocupar el cuarto más pequeño.

Cuando se aproximaba la fecha de parto, la nuera quiso

pintar la casa y a pesar de su gran barriga, decidió hacerlo ella misma. Dicho esto, la mujer pensó que antes de pintar, era mejor quitarle el polvo a las paredes y empezó a mojarlas con una manguera de agua; al poco rato, se sintió fatigada, le dijo a LOLO que le ayudara y le entregó la manguera. Esta se hizo cargo de la tarea, siempre siguiendo las orientaciones de la otra. Como el agua no llegaba al techo, la mujer le dijo que se subiera en una silla. LOLO obedeció, resbaló y cayó estrepitosamente al suelo. Se hizo silencio, la mujer se inclinó y comprobó que la otra no respiraba; había muerto como tenía que ser: de repente, para no molestar, y cumpliendo órdenes.

Llegamos así a los funerales, en los que LOLO se mantuvo más hermética que de costumbre. Allí se encontraban los familiares y algunos amigos. Unos dormían con marcada irreverencia, y otros reían haciendo chistes o contando anécdotas acerca de LOLO. Siempre he pensado que en su epitafio debía decir: "murió por y para los demás, y nunca pudo complacerlos".

A partir del momento en que supe de su muerte, algo muy extraño sucedió en mí: comencé a sentir un vacío en mi vida. Ahora puedo satisfacer la pregunta que se hará quien lea estas líneas: ¿por qué este hombre tiene una fijación, casi patológica, con esa mujer? La razón, es que ella... era mi madre. Si no lo dije antes, era para no parecer prejuiciado. Hasta ahora, he escrito lo que la gente pensaba y decía de ella; ahora, después de su muerte, me veo urgido a reivindicar su vida ante mí y los demás, y no he concebido mejor manera de hacerlo que escribiendo.

Siempre la vi fuerte como un roble, porque nunca estuvo enferma y jamás le escuché un quejido. Por eso quizás, imaginé que sería eterna, y nosotros los mortales, a las cosas eternas, no les damos trascendencia. Por ejemplo, no nos maravillamos del aire que respiramos, y sin embargo sin él no podríamos vivir más de cinco minutos; el problema es que lo damos por garantizado. El viejo proverbio, "nadie sabe lo que tiene hasta que lo pierde", aplica a mi caso.

¿Qué fue ella para mí? Fue quien siempre estuvo a mi lado. Siendo ya mayor, cuando tenía algún problema o estaba cerca de su casa, pasaba a verla, y si bien es cierto que no podía esperar de ella consejos, también es cierto que siempre me daba aliento, y a renglón seguido se deshacía tratando de complacerme tanto como fuera posible, al extremo de hacerme olvidar mis penas. Aquel ser era el único que me trataba con total desinterés, porque para ella fui el niño que nunca dejé de ser. Ya ese refugio no va a existir más y me siento algo desvalido. Madre, hoy, quizás demasiado tarde, confieso que te amo aunque nunca lo escuchaste de mis labios. Te pido perdón por haberme prestado en ocasiones, a los prejuicios que sobre ti existían. No sé si los demás habrán sentido lo mismo que yo, después de tu partida; no sé si estas líneas los motivarán, pero si se que te quiero, y eso te va a llenar de regocijo.

Tu hijo.

PS. Pasados unos días, le entregué este escrito a una de mis tías. Poco después la visité:

–Leí la historia escrita por ti, y me parece que con ella has creado una contradicción.

–¿Por qué?

–Porque la vida de tu madre fue intrascendente. Fue una vida vacía, sin objetivos. Sin embargo ahora ella ha servido para algo.

–¿Para qué?

–Pues para que al menos, tú pudieras contar una historia.

José Caballero Blanco

José Caballero Blanco nació en Cuba y reside en los Estados Unidos. Obtuvo dos menciones en los concursos Lincoln-Martí de poesía «2009 y 2010».

Mención de Honor en el Primer Concurso Latinoamericano Virtual de Poesía de la Editorial Virtual D'har Services «2011».

Tiene publicado tres libros:

APRENDIZ DE POETA.

UMAP. Una Muerte a Plazos. «Sus memorias de los campos de trabajos forzados, en su natal Cuba»

PRECIOSA donde el autor plasma su amor por los animales y narra la vida de Preciosa.

Los cuales se encuentra en www.amazon.com y www.dharservices.com

Asiste al "Club de Literatura" de Francisca Argüelles y ha participado en las antologías:

UN HORIZONTE LITERARIO «2010»

NAVEGANTE DE PALABRAS «2012»

Desde su juventud los poemas han sido refugio en situaciones difíciles de su vida.

Participó en la revista Mujer, con cuentos cortos, artículos y poemas.

El manifiesta que, "Escribir es mi terapia", haciendo versos es como aprovecha la extensión de su licencia para vivir dada por Dios.

Cada vida es un cuento ininterrumpido, solamente hay que detenerse en el tiempo y anotar las vivencias, para que la gente exclame al leer tus escritos ¡Qué imaginación!

Dedico a mi familia y amigos estos cuentos, quienes con sus comentarios me ayudan a crear los escapes de este atrevido cerebro.

OBSESIÓN

Roberto, eterno enamorado de los bellos paisajes, era visitante asiduo de ese recodo, donde las rocas escondían una pequeña playa de arenas finas y aguas azules cristalinas. Su hora favorita era el atardecer, el mar aparenta quemarse en los últimos resplandores del sol.

Contemplaba la playa en éxtasis meditativo, como culto al ocaso, sin importar nada de lo que pasara a su lado. Hasta un día...

Esa tarde una mujer se bañaba plácidamente en la que él llamaba "mi playa". Los gráciles movimientos atrajeron su atención, sacándolo de su claustro mental. Era hermosa, de cabellos cortos que caían húmedos sobre su frente y hombros; ojos azules, quizás demasiado grandes dentro de una agradable cara con facciones poco común, sin dejar de ser bella. Tan ensimismado estaba observando el rostro de la dama, que el paisaje pasó a un segundo plano. Colofón a su sorpresa fue el momento que ella elevó su torso sobre las aguas y mostraba, como se dice en ingles "Top Less", su pecho desnudo.

¡Qué pechos!

No recordaba haber visto nada tan maravilloso como los senos que estaban ante su vista; ni en los cuadros de los grandes maestros del pincel, ni en las famosas esculturas que había tenido oportunidad de contemplar en las múltiples visitas hechas a museos.

Eran dos apéndices color blanco nacarado que sobresalían de su tórax; firmes como pudieran ser dos puños y más o menos su mismo tamaño, bordeados por pequeñas aureolas de un rosado intenso que remataban la turgente cúspide, de los admirados promontorios.

La dama, al darse cuenta de su presencia se sumergió rápidamente y desapareció en dirección al mar abierto, bordeando la costa.

Pasaron semanas en que las noches fueron interrumpidas por continuas pesadillas, en sueños volvía a reproducirse el rostro de la mujer y sus pechos.

Todas las tardes regresaba al lugar tratando de reencontrarla, era obsesivo. Lo achacaba a que su madre lo había amamantado hasta casi los tres años de edad, pero también un pensamiento anidaba en el subconsciente. Si los pechos, que resultan ser el balcón a la calle, son así. ¿Cómo será todo el decorado de esa mansión?

Llegó a merodear la playa en distintos horarios, no solamente el atardecer fue su compañero, también en ocasiones, el amanecer lo sorprendió dibujando su sombra al quedarse dormido en la arena acompañando la luna, más todo resultaba infructuoso.

Finalmente su persistencia coronó el éxito. Al escalar una duna en la arena, se percató que una silueta estaba tomando el sol en la playa, era ella.

Esta vez no sólo contempló su cara y sus senos. Pudo ver todo su cuerpo.

Del torso hacia abajo, una enorme cola de pez terminada en una aleta muy grande que chapoteaba el agua de la orilla. ¡Era una sirena!

Su frustración sólo la recogió una frase dicha como murmullo casi inaudible:

–¡Que me pase esto a mí, que soy alérgico al pescado!

EL ESCAPARATE DE CAOBA

La enorme mole de madera oscura, era siempre una atracción a mis ojos de niño tierno. Cuando llegué a ocupar un espacio en nuestra casa, él ya estaba ahí, mis padres lo habían comprado antes de su boda, de segunda mano, junto a la coqueta y la cama formando parte del ajuar matrimonial; así que por antigüedad era merecedor de estima. Esta era la forma en que nos enseñaban antes, los más viejos merecían todo nuestro respeto, sin importar cual fuera su relación de familia.

Era un mueble muy pesado, debido a la madera usada en su construcción, y cada vez que se hacía una mudanza escuchábamos a los cuatro hombres, en el esfuerzo por moverlo, acordarse de la pobre progenitora del carpintero que lo había construido, y desde luego no usando las mejores palabras referente a ella. De haber hecho efectivas todas esas diatribas, la señora en cuestión no habría podido salir de la ducha, para quitarse de arriba todo lo que esos esforzados trabajadores manifestaban hacer, o por lo menos lo que era su deseo.

La madera en cuestión, la caoba, tiene características que la hacen, apreciada y odiada. Resistente a las plagas (al comején nunca se le ocurre meterle el diente), dura; tan dura que no admite ser penetrada por un clavo sin rajarse, pesada, difícil de trabajar y duradera; fácil de sacarle los más brillosos colores con los barnices.

Tenía tres puertas, cada una de ellas dando acceso a secciones distribuidas de la siguiente manera, el lado izquierdo para la ropa de mi papá, el derecho para la de mamá, y el centro, donde además de las consabidas barras de madera para colgar la ropa en perchero, había dos entrepaños o divisiones transversales con sus correspondientes gavetas, que al entender de nuestra corta edad, guardaban los más variados tesoros de nuestra casa. La puerta del medio tenía un espejo, en él te podías ver desde la suela de los zapatos hasta el último pelo de tu cabeza, no importaba si la estatura era de uno a siete pies.

Aun sin ser apegado a los bienes materiales, considero que son cosas de las cuales nos servimos, no las que nos convierten en sus esclavos. Hay algunas cosas inanimadas que tienen alma, me refiero a esa que va intrínsecamente prendida a nuestros recuerdos, como es el caso de este viejo escaparate de caoba.

Además de ser un objeto que teníamos por costumbre que ocupara un lugar prominente en medio de la habitación principal de nuestros padres, este mueble era refugio de nuestras travesuras de niños. En muchas ocasiones me escondí dentro, para tratar de escapar al merecido y justo castigo de mis acciones. Me servía para esos menesteres el lado que ocupaba la ropa de mi padre. El escondite salvador, hasta que se aplacaba la ira justiciera de mami. Lo usé por algún tiempo, hasta que por gastado, resultó ser el primer lugar donde me buscaban al quererme encontrar y ponerme al alcance de dos buenos correazos, aplicados en esa parte blanda donde la espalda pierde el nombre.

Llegó a ser también el "baúl" de los tesoros escondidos. Cuando nuestros padres salían revisábamos a nuestro antojo todo lo que había en las gavetas, atraídos por esa innata curiosidad, que hace meter las narices en los lugares donde nos advierten que no debemos hurgar. La famosa cámara fotográfica de fuelle alemana que habíamos visto, operada por los adultos, estaba a nuestro alcance, dándonos el gusto de halar y meter el dichoso fuelle como si fuera un acordeón. También las famosas medallas y diplomas ganados por mi mamá como deportista, mostrando en su espalda el número 11 y el sobrenombre de "Gallito Blanco", primero con el equipo de baloncesto de su escuela Cristo Rey de Guanabacoa, terminando invictas en el campeonato nacional de la Federación Atlética Femenina de Cuba y después con el famoso Club Cubanaleco. Además de integrar el equipo de baloncesto, era tercera base y tercer bate del equipo de softball. Leer los recortes de periódicos donde mostraba sus pasadas hazañas, nos llenaba de infantil orgullo, teníamos que hacerlo con mucho cuidado, sabíamos lo que significaba y el amor que mami le tenía a esos papeles.

Ponerme los zapatos de papi y sus corbatas anchas como pañuelos, echarme la colonia "All Spices", aunque después tuviera que lavarme la cara "apurado" al acercarse la hora en que los viejos estaban al llegar, para que no descubrieran nuestra desobediencia. Mi hermana se ponía los tacones de mujer adulta y se empolvaba con "Maja" que tomaba de la coqueta donde nuestra mamá guardaba sus afeites y adornaba sus orejas con aretes de fantasía toledana que eran regalos de mi padre. Son imágenes que no se borran de la mente infantil. Aún de adulto se cierran los ojos y parece como si viéramos una película, en un cinematógrafo, sentados en primera fila.

Brincar arriba del colchón de la cama, sin miedo a que se rompiera alguna de las barras que lo soportaban, las barras de madera aguantaban eso y mucho más. Estirar la sobrecama para cubrir nuestros actos circenses, donde nos jugábamos la vida al no caer desnucados en uno de esos saltos.

Nunca entendí. ¿Por qué? Si las puertas del escaparate tenían llaves, jamás se las quitaban, sólo daban la orden verbal de no tocar nada, no restringían el acceso de la forma más fácil, que era removiendo las llaves. A veces me pregunto si esto no era una forma de activar nuestra curiosidad, o poner a prueba nuestra disciplina.

Crecimos y nos tocó ayudar en la última mudanza, donde formé parte del grupo que movió el escaparate, compartiendo en ese momento lo que no comprendía siendo niño, cuando alguien decía fuertes epítetos al cargar el mueble. Gracias que uno no se cambiaba de casa todos los días.

Por designio inteligente, colocamos en esta ocasión y debido al espacio, el escaparate frente a la coqueta, a ambos lados de la cama; tenía la ventaja que podíamos observar nuestro atuendo en los espejos por delante y por detrás sin cambiar de posición.

Llegaron mis hijas, y la habitación que era de mis padres también empezó a llamarse el cuarto de los abuelos y el ciclo frente al espejo del escaparate siguió su curso, realizado ahora por otros niños que resultaron ser reflejo mío, solo que en forma femenina.

Ahí quedó mostrado el abrazo de despedida cuando tuvimos que partir y darnos ese beso, que tardó un año en repetirse. Dejé atrás ese mueble, el cual estuvo en la casa de mis padres como fiel servidor por muchos años y que quizás hoy en día siga sirviendo a los agraciados que lo heredaron.

Han pasado muchos años, no voy a decir cuántos, no es necesario, confórmense con saber que son muchos. Ya la cara de mi padre es solo un recuerdo que muestran las fotos. Pero en las mañanas, al peinarme o al afeitarme, solo veo unos rasgos en esa imagen frente a mí, siendo el rostro de mi viejo querido quien se muestra. La misma figura que veía reflejada sobre la grande luna del espejo, en la ancha puerta de ese viejo escaparate de mi niñez.

SIN RENCOR

Me gustan los gatos, todos lo saben. Eso es algo que siempre me ha traído innumerables críticas; siendo Jorge quien más se burlaba de mí, como látigo a mi espalda, pero no le guardo rencor.

Los gatos tienen el pelambre suave y responden ronroneando a las caricias; son ágiles, pueden pasar de la inactividad a la acción con una velocidad inimaginable y sus retráctiles garras están guardadas listas para sacarlas en el momento que las necesiten. Hábiles cazadores, acechan a su presa esperando el momento oportuno para hacerlas sus víctimas. Jorge decía que los gatos son vagos como yo, pero no le guardo rencor.

En ocasiones cuando coincidíamos en algún lugar, hacía en broma el gesto de taparse la nariz, como si mi ropa tuviera olor a orine de gato, sin importarle el bochorno que yo pasaba. Así y todo no le guardo rencor.

Varias veces caminando por el barrio escuché el maullido de un gato a mis espaldas. Era Jorge, que imitaba el sonido de los felinos y me hacía mofa, logrando un eco a su burla, era la risa de los que escuchaban. Quizás no me crean, pero no le guardo rencor.

Estoy parado frente al féretro en el cual descansan los restos mortales de Jorge, quien fue víctima de un accidente. Un auto lo atropelló dejándolo muerto y el responsable se dio a la fuga.

Observo el rostro lívido del cadáver que aun mantiene el rictus de una sonrisa burlona y solo repito en voz baja:

–No te guardo rencor.

¿Por qué guardarle rencor? Si nadie sabrá, que la persona que estaba al volante de ese carro, era yo.

Teresita Chacón

Teresita Chacón, cubano americana, reside en Miami Florida.

Graduada de Filología en la Universidad Central de Las Villas, Cuba.

Pertenece al "Club de Literatura" de Francisca Argüelles.

Trabajó como Asesora Literaria en "La Casa de Cultura", de las ciudades de Regla y La Habana.

Gracias al "Club de Literatura" y a su guía Francisca Argüelles, por darme la oportunidad de retomar la magia de las letras.

ENCUENTRO

Cuando entré en la antigua y espaciosa sala colonial, sentí que una inexplicable fragancia a tiempo, humedad y olvido penetró por todos mis poros; frente a mí, el apacible y difuminado rostro de Luisa, parecía mirarme desde una foto que colgaba de una descolorida pared de piedra, como única reliquia en aquel solitario espacio, además de un desvencijado balance de madera situado frente a una ventana, el que a ratos se mecía como si alguien observara la calle entrelazando recuerdos.

Mi conexión con Luisa fue mágica, quise saber todo sobre ella, su vida y su poesía, solo había oído decir que murió triste y olvidada en esta vieja casa después de la muerte de su esposo y todos sus hijos, que el día de su muerte, su cuerpo tuvo que ser trasladado hasta el cementerio, bajo un torrencial aguacero.

Así estábamos Luisa y yo mirándonos, y pensando en que tal vez nos habíamos relacionado en otra existencia, cuando la voz de Amparito me hizo regresar a este plano y poner los pies sobre la tierra.

Amparito y su hermana, dos ancianas solteronas, vivían allí desde hacía unos cuantos años, sabían muy poco sobre Luisa. Fuimos hasta la cocina donde ya todo estaba preparado: las tazas, el azúcar y el té, solo faltaba acomodar las sillas, pues la hora en que escucharíamos hablar sobre la preferencia del color blanco en la obra poética de Luisa sería a las ocho en punto de la noche.

Corría el mes de Mayo, la sala se llenó de poetas, vecinos y por supuesto, allí muy interesadas, estaban Amparito y su hermana. Cayó la noche, el ambiente se sentía un tanto sobrecogedor, solo la luz mortecina de un bombillo que colgaba encima de la mesa del conferencista, medio iluminaba aquella imponente reunión; lloviznaba a ratos, el silencio era perfecto y todos oímos con emoción cómo su preferencia por el color blanco reflejaba el alma sencilla de Luisa, que aparecía a través de toda su obra.

Al final, cuando algunas preguntas estaban en el aire, Amparito interrumpió con los ojos llenos de lágrimas, para contar un secreto que mantenían bien guardado: Recién llegadas a esta casa, comenzaron a ver noche tras noche, a una anciana vestida de blanco que se paseaba por el patio de un lado a otro. Ellas podían adivinar el sufrimiento de aquella alma en pena, por no poder elevarse definitivamente a un plano espiritual. No valieron rezos, misas ni rosarios, allí invariablemente, seguía Luisa.

Entonces buscaron a una amiga entendida en los inexplicables vericuetos espirituales, que les aconsejó llenaran todos los canteros y el patio de flores blancas hasta formar una espesa alfombra, y luego quemaran mucho incienso para que una impenetrable niebla lo cubriera todo. Así de tanto blanco a su alrededor, aquel infeliz espíritu encontraría paz y sosiego.

Lo hicieron sin olvidar un solo detalle, Luisa se elevó para siempre, nunca más volvieron a verla. Escuchábamos con interés aquel alucinante relato, cuando una ráfaga de aire primaveral penetró desde el patio a la sala, el bombillo se apagó y un suave remolino nos envolvió a todos.

La velada había terminado, salimos de aquella casa poseídos por el silencio cómplice y la seguridad de que esa noche, a su manera sencilla, Luisa Pérez de Zambrana nos había regalado un momento mágico.

EL COMEDOR

Las tardes se antojan lentas alrededor de una mesa mientras el té endulza los sentidos y crujen las galletas al vaivén de los recuerdos, condenada magia que el comedor provoca, el tiempo cómplice no pasa.

Algunos hablan de los años transcurridos, otros de la Navidad, la cena, el vino; la nostalgia esparce el hechizo del pasado, entonces se recobra el brillo en la mirada, el rostro recupera su frescura, se utilizan palabras olvidadas. Solo cuando el té se acaba y la noche inunda los rincones, todos ponen los pies sobre la tierra, en ese instante, la magia vuela.

LA CASA ENCANTADA

Desde que llegábamos al portón, me estremecía una alegría sin límites y miedo a la vez, miedo a la casa que presentía hechizada, allí estaban mis abuelos y visitarlos era penetrar a un mundo alucinante de misterio, ya que ellos convivían con todos los espíritus de la familia que había fallecido. Cuando atravesaba sobrecogida la enorme sala, estaba segura de que todos esos seres se encontraban agazapados en los cuartos, detrás de los armarios o debajo de las camas, mirándome adormilados, mientras esperaban la noche para salir a sus andadas.

Hasta Campeón, el viejo perro que nos recibía ladrando y moviendo la cola de alegría, me resultaba sospechosa, no estaba segura de que fuera real o una aparición del más allá. En una ocasión los trabajadores de la finca lo abandonaron moribundo a varios kilómetros de la casa, después de caer en una fosa profunda, mientras cumplía con sus labores de perro ganadero; pasaron muchos días, y cuando ya nadie lo recordaba, un grito de terror y sorpresa hizo temblar el batey de la casa, era mi abuela que no esperaba encontrar allí a Campeón desplomado, muerto; había regresado arrastrándose a la que siempre había sido su casa.

Al caer la tarde, esperaba con gran algarabía un ritual cotidiano: ver como encendían las lámparas de carburo y los candiles, entonces la casa parecía incendiarse, todo se iluminaba como una gran antorcha: la sala, los cuartos, el comedor y la cocina, mientras yo corría de un lado a otro con un candil en la mano, hasta que poco a poco se iban apagando una a una, todas estas luces de colores, y solo quedaba la lámpara de la sala, donde la familia se reunía para invocar a los espíritus a través de largas historias repetidas, sobre muertos y aparecidos, en ese instante el viejo balance de madera comenzaba a moverse solo, y algún que otro ser se dejaba descubrir caprichosamente, por los que tenían la gracia o el don de poder ver a los que ya estaban en otras dimensiones. Recuerdo como una de las historias más fascinante, la vez en que mis abuelos y sus quince hijos se encontraban en esa misma sala, cuando de pronto sintieron algo gigantesco en el techo, que hizo estremecer las paredes, los horcones y los cujes de la casa, entonces se tiraron boca abajo, esperando que todo se desplomara, al ver que eso no sucedía, se incorporaron cautelosamente, para comprobar que todo estaba en el mismo sitio, salieron al patio y encontraron que en el tejado descansaba una pequeña paloma. Cuando murieron mis abuelos, la casa quedó abandonada, con el tiempo desapareció todo vestigio de vida, el romerillo y la yerba mala ocuparon ese gran espacio; pero los vecinos de aquella zona aseguran que en noches oscuras, cuando andan por los caminos cercanos, los caballos se detienen de pronto, y en medio del silencio se escuchan voces, risas, cuchicheos, y el ladrido lejano de un perro. Allí sigue también Campeón, que se arrastró moribundo durante días, para desplomarse frente a la vieja casa, espera pacientemente el reencuentro inevitable, extraña las antiguas reuniones familiares a la luz de un candil, extraña seguro el balance que se mecía solo, a los espíritus que caprichosamente se dejaban ver, y a la pequeña niña que temblorosa de miedo, lo acariciaba de vez en cuando.

Rosa Fuentes

Rosa Fuentes, nació en la ciudad de la Habana, Cuba. Desde muy temprana edad descubrió su pasión por el arte.

Es graduada de Ciencias Comerciales en La Escuela de Comercio de La Víbora.

Obtuvo Mención de Honor en el VIII Concurso Internacional de Poesías Lincoln-Martí en el 2010. Recibió 1era Mención en el XV Certamen Literario de Carta Lírica 2011. Ganadora del 2do Premio del concurso "El Poema más Bello del 2011" realizado por La Sociedad de Poetas y Escritores. 5to lugar en el primer certamen de poesía "Florida Tierra de Poetas" 2012 efectuado por AIPH-Miami Y ELILUC. Mención de Honor en el XXI Concurso Literario realizado por el Instituto de Cultura Peruana en homenaje al escritor Luis Alberto Sánchez. El 3er lugar en el concurso "Ejercicio Literario 2012" realizado por La Sociedad de Poetas y Escritores. En el 2013 obtuvo Mención de Honor en Poesía en el concurso Literario XXII efectuado por el Instituto de Cultura Peruana de Miami en homenaje al escritor Francisco Izquierdo Ríos. Ganadora del 1er lugar en el concurso "El poema más Bello 2013" realizado por La Sociedad de Poetas y Escritores.

Participó en la antología "Navegante de palabras" del año 2012, del grupo "Club de Literatura" de Francisca Argüelles.

Reside en Miami, donde asiste a varias instituciones literarias.

A mi familia por siempre apoyarme.

A Dios por haber puesto a mi lado personas maravillosas que al igual que yo aman el arte en todas sus manifestaciones.

LLEGÓ EL CIRCO

El pueblo, estaba alborotado, como se acostumbra decir. Era tal la algarabía que a diario se vivía, que cambiaba a los habitantes de este pueblo tranquilo, igual a los demás que existen en cualquier lugar. De lunes a viernes al trabajo, los niños a la escuela, las amas de casa a sus labores y los ancianos en sus mecedoras o sentados en los bancos del parque contando historias, algunas verdaderas y otras salidas de la imaginación. Los fines de semana no variaban mucho. Algunos trabajaban, las amas de casas seguían en sus labores, los ancianos en sus charlas y los niños correteaban por las calles del pueblo, también paseaban en sus bicicletas, y patinaban; en ocasiones compartían con aquellos que no tenían.

Este viernes todo era diferente, por donde quiera que pasabas se podía oír la misma conversación:

–¿Vas a ir? ¿Qué día? ¿A qué hora?

Y la respuesta de algunos:

–Bueno, nos vemos allí.

Todo este alboroto se debía a que había llegado El Circo al pueblo, algo que no era frecuente y solo ocurría de vez en cuando. Realmente el circo no iba al pueblo, sino que al pasar por este, antes de llegar a su lugar de destino decidía hacer unas funciones de fin de semana y ganar un poco de dinero extra, que no les venía nada mal.

Frente a la plazoleta del pequeño parque había un terreno baldío y era allí donde se levantaba la carpa, se instalaban las jaulas de los animales, que no eran muchas y se alineaban los carruajes que se convertían en camerinos, para que los artistas se prepararan para la función.

En todo el pueblo se oía el ruido de las estacas clavándose en la tierra donde se iba a sujetar la carpa vieja de lona obscura y con algunos remiendos, pero con muchas banderitas de diferentes colores, se escuchaban los gritos de los hombres trabajando y el rugir del viejo león, que para decir verdad era el único animal peligroso, aunque se podía ver que ya estaba viejo y cansado.

Las funciones serían, el sábado, matinée tanda y noche, el domingo y último día, solo matinée y tanda. Terminada éstas funciones empezarían a recoger para emprender el viaje a su destino.

Yo decidí asistir a la última tanda, la del domingo, sabía que en la última función se tiraban fuegos artificiales y repartían luces de bengalas como despedida. Tenía que esperar por los comentarios de los que vieran las funciones anteriores y dijeran lo que más les había gustado.

El sábado temprano me senté en un banco del parque, el más próximo a la entrada y salida del circo, que era una abertura en la lona de la carpa, quería oír todo sobre lo que habían presenciado; salían muy contentos, eufóricos, algunos no dando crédito a los trucos que había presentado el mago, haciendo aparecer y desaparecer objetos, hasta un conejo que no se explicaban; cómo apareció en el público, si el mago lo había metido dentro de su sombrero. Decían de la valentía de los trapecistas, que aunque habían puesto una malla protectora debajo, realizaron peligrosos actos de trapecio, y el coraje del domador ante el león, que aunque viejo y cansado, en el momento de la función, según ellos, se veía como el más feroz de los leones de la selva. Comentaban que había un solo payaso ¡Pero qué payaso! el mejor de los que habían visto, y lo decían los que vieron otros circos y muchos payasos, por lo que había que creerles cuando decían:

–¡Qué manera de hacernos reír!

–¡Qué facilidad para caerse sin hacerse daño, solo una persona feliz puede trasmitir esa alegría!

Los comentarios se repetían, y alguien dijo que le descubrió algún truco al mago y que sabía cómo había aparecido el conejo en el público. Y todos coincidían en la actuación del payaso como la mejor de todos los payasos.

Así, con calma sentado en el banco, esperé el final de las últimas dos funciones del día, hasta el momento todos coincidían en sus comentarios.

Me fui a descansar, no me iba a ser fácil conciliar el sueño, estaba deseoso que llegara el momento para ver lo que había oído. Todos los comentarios habían sido buenos, en lo que no estaba de acuerdo era que solo un payaso pudiera hacer tan maravilloso espectáculo. Pensé que no debí escoger la última función, sino la matinée, pero ni modo tenía que esperar.

Al día siguiente me preparé muy temprano; no había dormido mucho, constantemente mi sueño se interrumpía con las imágenes del circo, pero ya faltaba poco, me senté nuevamente en el mismo banco del día anterior, esperé impaciente a que terminara la matinée, el tiempo pasaba lento; por fin se levantó el pedazo de lona y empezó a salir el público, los comentarios se repetían:

–Es un gran circo, ojalá y regresen el próximo año.

Realmente yo no prestaba mucha atención a las voces que se alejaban, solo quería entrar y buscar el mejor asiento para disfrutar de tan esperada función.

Cayó la lona de la entrada dejando el lugar en penumbras, se encendieron unas luces, y empezó la función, yo no podía apartar los ojos del círculo donde se presentarían los artistas, allí aparecieron uno a uno: los trapecistas, el domador, y malabaristas, realmente todos hacían un trabajo maravilloso.

Por fin vi el payaso, su cara pintada, donde apenas se podía descubrir rasgos de un rostro, que no fuera el de un payaso. Pero un solo payaso, qué podía hacer un solo payaso para que los comentarios de los que lo habían visto dijeran que era el mejor. Me acomodé en la silla, y esperé... cuál fue mi sorpresa cuando al instante comencé a reír con sus payasadas, sus caídas eran perfectas, reí y reí y no dejé de hacerlo hasta que terminó su presentación.

De repente, me sentí mal conmigo ¿Por qué había dudado de la habilidad y la maestría de aquél payaso? ¿Porque era uno solo?

No esperé que empezaran los fuegos artificiales, ni que repartieran las luces de bengala, me levanté y escurrí entre la gente.

Yo quería conocer de cerca al payaso que me hizo reír tanto; de pronto recordé uno de los comentarios, solo una persona feliz puede trasmitir esa alegría, y estuve de acuerdo, verdaderamente este payaso tiene que ser muy feliz.

Quería disculparme, decirle que no lo había valorado, que su trabajo era maravilloso, que me había hecho reír mucho. No lo encontré, no estaba con los demás artistas, mis ojos recorrían el círculo donde todos estaban recibiendo el aplauso del público, todos menos él.

De pronto pensé en su camerino, quizás está allí y hacia ese lugar me dirigí, no sabía cuál era, recorrí con mi vista todos los carros, solo uno tenía entornada la puerta por donde se filtraba la luz, me acerqué preparándome para lo que iba a decir, al entrar cuál no sería mi sorpresa al oír unos sollozos y ver un cuerpo desvencijado sobre una mesa, sosteniendo un estrujado papel en sus manos que temblaban, al oír mis pasos levantó su cara, vi como gruesas lágrimas corrían por sus mejillas, la pintura de payaso se había borrado, mostrando un rostro diferente, un rostro humano. Ante la sorpresa de mi presencia, el estrujado y amarillo papel cayó de sus manos y llegó hasta mis pies; sin decir palabra me incliné a recogerlo, no pude resistir la curiosidad y mis ojos se posaron en lo escrito, pude distinguir la fecha, era una carta muy triste escrita muchos años atrás.

MI AMIGA JULIA

Me disponía a leer un libro cuando oí el timbre del teléfono, me dirigí a contestar con desgano, y ya junto a él dejó de sonar, volví a mi sillón y de nuevo timbró, al levantarlo escuché la voz de mi amiga Julia que casi gritando decía que tenía que verme de inmediato.

Entre sus sollozos y gritos histéricos no entendía lo que trataba de decir, le pedí que por favor se calmara, y dijera qué estaba sucediendo, logré entender que me esperaba en la cafetería donde siempre nos reunimos los viernes para almorzar, sin darme tiempo a replicar, colgó.

Julia, es mi amiga desde la infancia, sus padres y los míos se conocen de toda la vida, fuimos juntas a la escuela e hicimos la primera comunión, nos casamos el mismo año solo con un mes de diferencia y nuestras niñas tienen seis años, y las dos están en el mismo colegio.

Miré el reloj, era la 1:00 pm y teníamos que recoger a las niñas a las 3:00 pm.

Sin pensarlo más tomé el bolso y salí de la casa.

¿Qué sucedía? ¿Por qué Julia se encontraba en ese estado?

Aunque estaba acostumbrada a las perretas de Julia, nunca la había sentido tan triste y desesperada, esto tenía que ser algo diferente.

Llegué a la cafetería, vi su semblante demacrado, sus ojos enrojecidos por el llanto, temblor en sus manos al sostener la taza de café que llevaba a sus labios, y me di cuenta que algo grave estaba sucediendo.

Al verme quiso sonreír, pero dibujó en su rostro una mueca.

No esperó siquiera que me sentara, casi gritando me dijo:

–¡Esta vez sí me divorcio de Roberto!

Muchas veces había oído a Julia decirlo, pero realmente nunca con tanto dolor reflejado en su cara.

Tomé sus manos entre las mías, estaban muy frías, traté de tranquilizarla y le pedí me contara qué sucedía esta vez.

–No aguanto más.

Fue su rápida respuesta, eso también lo había oído muchas veces.

Pero dime:

–¿Qué pasó?

Siempre había sido su confidente, estaba acostumbrada a escuchar lo descontenta que estaba en su matrimonio, a oír sus quejas sobre el comportamiento de su esposo Roberto, sus amenazas de divorcio, más, nunca antes me pareció tan decidida a hacer lo que decía.

Al rato había conseguido calmarla un poco, no había logrado que cambiara su decisión, seguía como loca repitiendo una y otra vez, "esta vez, si me divorcio".

–Esta noche en cuanto él llegue del trabajo se lo digo.

Ya era la hora de salida de las niñas del colegio y me brindé para recoger a las dos, no creía que Julia, estuviera en condiciones de hacerlo y por lo tanto, su niña se quedaría en mi casa.

Quedamos en que ella me llamaría a la noche, después de su conversación con Roberto.

Cuando llegó mi esposo Javier, solo al mirarme se dio cuenta que algo no estaba bien, y visiblemente preocupado me preguntó:

–¿La niña?

–No todo está bien con ella. Le respondí.

–¿Qué pasa? Mira como estás, has llorado.

Y mirándolo fijamente le dije:

–Es que esta vez Julia, sí se divorcia.

Me sorprendió la risa de Javier, y dijo:

–Parece mentira que no conozcas a tu mejor amiga. ¿Cuántas veces ha dicho lo mismo? ¿En cuántas ocasiones has llorado por el supuesto divorcio de Julia?

–Esta vez sí Javier, esta vez sí es en serio. Atiné a responder.

Transcurrían las horas y Julia no me llamaba, traté de parecer tranquila, pero los nervios me traicionaron, sabía que Javier me estaba observando. Llevé las niñas a la cama, y nada, el teléfono no sonaba y cuando Javier se fue a la habitación, yo le dije que iría más tarde, mi preocupación aumentaba, según pasaba el tiempo. ¿Qué habría ocurrido? Julia no me llama y no me atrevo a hacerlo.

No pude dormir en toda la noche, tenía un mal presentimiento.

Decidí dejar las niñas en la escuela y después ir por casa de Julia y Roberto, no podía esperar más.

Javier, se despidió con el beso acostumbrado de siempre al que casi no respondí y lo vi alejarse moviendo la cabeza.

Llegué a casa de mi amiga con el corazón en la boca, temía lo peor.

Toqué en la puerta varias veces y al abrirse me encontré con una Julia diferente, en su rostro una amplia sonrisa.

No pude contenerme y atropelladamente le pregunté:

–¿Y qué pasó? ¿Por qué no me llamaste?

Tranquilamente me respondió.

–No, esta vez no, esta vez, no me divorcio.

Pilar Gómez Nieto

Pilar Gómez Nieto, nació en Ciudad de La Habana, Cuba. Reside en la ciudad de Miami.

Es miembro del "Club de Literatura" que dirige Francisca Argüelles, donde ha tenido la oportunidad de brindar su creación literaria y formó parte de la antología del mismo, "Navegantes de Palabras" del 2012

Participó en el evento Grito de Mujer, convocado por AIPEH Y ELILUC. En el Periódico "Los Tiempos" ha publicado dos artículos. Es miembro de "Arte Milenio", que dirige el periodista Enrique De Miranda.

En este libro, ella narra inspirada en hechos reales que recrea con la magia de la literatura.

pilar_cu@yahoo.com

Dios por la vida
que me regala en cada instante
motivos de inspiración.

A mis padres por ser quien soy.

Por la familia y amigos que atesoro.

Gracias.

Escribir es la expresión genuina del corazón.
Es la manifestación más sublime del alma que
el autor transforma al dibujarla con su pluma,
como se convierte la oruga en mariposa,
el néctar de las flores en miel y, el trinar de los pájaros
que anuncia un nuevo amanecer.
PG

GALA HABANERA

La capital de Cuba, en la víspera de cada diez y seis de noviembre, se viste de largo para celebrar una importante festividad, el cumpleaños de la Ciudad de La Habana. El Casco Histórico, en La Plaza de Armas, es el escenario principal, por ser el lugar en que tuvo inicio la ciudad y la realización de las actividades más importantes. El desarrollo de la ceremonia con carácter oficial, se inicia en el Palacio de los Capitanes Generales, donde comienza el peregrinaje. Pobladores y visitantes se reúnen en el área, en espera de la llegada de la media noche, mientras adoquines, vitrales y murallas se estremecen al compás de cuero y batá. El repique de las campanas de la Catedral de La Habana, anuncia que la hora ha llegado. Viejos cañones desde El Morro y La Cabaña, detonan sus salvas. Desde la colina, El Cristo, observa la urbe capitalina. El Templete, tesorero de la historia aguarda la llegada de El Cabildo que hace su entrada, para rememorar a la usanza de la época legendaria la fundación de la Villa, y la celebración de la primera misa. A la vez, los fuegos artificiales iluminan las cúpulas y denotan la presencia de la arquitectura colonial, muestra de la mezcla influyente de culturas que dejaron sus huellas desde los aborígenes hasta nuestros días, en construcciones, música, arte culinario, mestizaje: Afro-ibérico-criollo, cuyo resultado es: El inigualable cubano.

La Ceiba, en pie espera que los asistentes a la gran ceremonia, cumplan el mito de darle la vuelta, pedir sus deseos y arrojar las monedas a modo de agradecimiento.

Este año, 2014, arribará a su 495 Aniversario la Villa "San Cristóbal de La Habana".

"Las decisiones más difíciles, son cuando entran en juego las personas que más queremos"
Antonio Cabado

EL ÍNDICE

Al sur de la Ciudad de La Habana, en un pequeño barrio creció una familia de ocho hermanos que nunca abandonaron la zona. La mayor, Josefina, se casó con un apuesto joven, José, a quien conoció en una fiesta, gracias a la invitación de su tía Isabel. Un año más tarde tienen una niña a la que llaman Ivón.

Por la cercanía en que vivían unos de los otros, iban chicos y grandes de una a otra casa, como si todos los días fuera domingo, día de reunión familiar. La casa de la tía Isaura tenía particular atracción, sobre todo para su sobrina Ivón, que prefería ir a jugar allí con su primo.

Una tarde, en que Isaura guardaba la compra del mercado en la despensa, mientras Ivón y Leandro jugaban con los productos enlatados, construían torres colocando una lata sobre otra. De pronto, Isaura sintió un llanto y preguntó:

–¿Quién llora?

Los niños, se levantaron asustados del piso manchado de sangre. Isaura se dio cuenta que era de la mano de su sobrina, tomó un paño, le envolvió la manito y con ella cargada salió rumbo a la "Casa de Socorros", la cual quedaba al pasar la casa de los padres de Ivón, a dos cuadras aproximadamente.

José el papa de Ivón, estaba en el portal dándose sillón, como solía hacer todas las tardes y vio venir a Isaura con la niña en brazos a toda carrera. Salió a su encuentro y dijo:

-¿Qué pasó?

La tía Isaura, muy nerviosa no sabía qué decir, sólo que había sangre en el suelo y era de la mano de la niña.

José, con su carácter ecuánime, tomó a su hija ahogada en llanto y Josefina desde la cocina escuchó un bullicio que la alteró, y al acercarse oyó la voz de José:

–¡Entremos a la casa! Vamos a ver que se hizo en la mano.

Al oír esto, Josefina, corrió hacia donde su sentido auditivo le indicaba. Mientras que Isaura no salía de su asombro ante la actitud de su cuñado.

–¿Qué sucede? Pregunta Josefina sin obtener respuesta.

El calmado padre lavó la mano de Ivón, percatándose que el dedo Índice, era la causa del sangramiento.

Con voz autoritaria, dijo:

–Isaura ¡Ve y busca la punta del dedo! Tiene que estar allí donde jugaban.

La tía quedó paralizada y con los ojos llenos de lágrimas, regresó a su casa.

Entretanto, Josefina, le pedía llevarla al médico, pero él de manera caprichosa se negó, dando fe de que lo resolvía, no tenía mayor importancia.

Isaura, entró en su casa siguiendo la intuición de José. Efectivamente, en el borde de una lata de leche condensada, estaba la diminuta yemita del dedo y corrió a llevarla.

La mamá de Ivón, había ido a la farmacia cercana en busca de los medicamentos que José pedía y coincidieron las dos hermanas al regresar a la casa, todo lo necesario lo tenían.

Sin pérdida de tiempo, el padre desinfectó la mano de la niña y colocó el pedazo de la punta del dedo en su lugar. Las dos mujeres observaban enmudecidas, solo se escuchaban los sollozos de Ivón. José, inmerso en el procedimiento finalmente vendó el dedo, le dio un beso en la frente a su hija y miró a las hermanas, aparentemente buscando una señal de aprobación. Todos se abrazaron y él con orgullo sonrió.

El suceso corrió de boca en boca como pólvora, "barrio chiquito, infierno grande", llegando a oídos de Jorge el enfermero vecino, quien no pudo contenerse y tocó en la puerta de la familia Pérez.

–¡Hola José! Me enteré que la niña de ustedes tuvo un accidente en su mano derecha «conocía el hecho con lujos de detalles». Sin darle tiempo a reaccionar el vecino continuó:

–¿Usted mismo le curó? No sabía que tenía vocación de médico.

–Bueno, no creo que se trate de eso, sino de una decisión.

–Pienso, quizás no haya sido una buena determinación, le advierto como enfermero de muchos años de experiencia. Usted debió llevarla a emergencia, su osadía puede tener graves consecuencias.

José, ya con tono de pocos amigos, respondió:

–Soy bien responsable y se que todo saldrá bien. Usted no ha pensado que es una hembra y si la llevo a la sala de urgencias, como dice, le hacen un moño en su dedo y ni uña podrá tener cuando sea una jovencita.

–Bien, usted sabrá. Contestó Jorge molesto y se retiró.

Felizmente, la niña creció y pudo lucir sus uñas pintadas sin que se notara a simple vista haber sufrido una lesión en el dedo índice de su mano derecha.

Y como si fuera poco, la foto tradicional tomada en la boda de Ivón, cuando el novio colocó el bello juego de anillos de compromiso, el cual fue regalo del señor Seijas, amigo de la familia y dueño de la Joyería "La Perla Azul", fue escogida por él para su nuevo comercial publicitario.

En los encuentros familiares, se ha revivido incontables veces la anécdota del dedo índice y la lata de leche condensada.

El amor es una bellísima flor, pero hay que tener el coraje de ir a recogerla al borde de un precipicio.

Stendhal

NUNCA ES TARDE

En un asilo de ancianos vive la Sra. Vida de la Rosa, hace tres años. No tiene familia y sufrió una parálisis facial, recuperándose satisfactoriamente y decidió quedarse como residente en este centro.

Un buen día llegó a la oficina un señor de edad avanzada acompañado de su hijo, de inmediato la recepcionista le dijo:

–¿Admisión?

–No, no, queremos saber si aquí vive la Sra. Vida de la Rosa.

–Tomen asiento, les informo.

En pocos minutos tuvieron la respuesta.

–Si, en la habitación 110.

Tocaron en la puerta y nadie respondió. Se dirigieron a la estación de enfermeras que estaba a unos pasos y preguntaron por la señora. La enfermera manifestó que estaba en el patio y los condujo al lugar.

Vida, sentada frente al hermoso jardín, observaba los pajaritos encerrados en una gigantesca jaula, como la que había escogido ella para pasar el resto de sus días.

–Vida, tienes visita. Anunció la enfermera.

Se viró rápidamente y con mirada dudosa, saludó:

–¡Hola! ¿Vienen a verme a mí?

–Sí. ¿Acaso no me reconoces? Soy José Ángel.

Se empañaron los cristales de la buena señora, dejando asomar lágrimas que no pudo evitar. No podía creer lo que veía.

–Este es mi hijo mayor, Joseph.

Sin salir de su asombro la anciana, susurró:

–¿Qué tal?

–Encantado, Sra. De la Rosa.

Ella hizo un gesto amable, inclinando su cabeza hacia delante.

–Con permiso, regreso enseguida. Dijo el joven y se alejó.

–Vida. Vengo a proponerte que aceptes ir a vivir conmigo, tengo suficiente dinero, una buena casa y con quien mejor que contigo para compartir mi vida. No tienes necesidad de estar aquí.

Quedó pensativa por unos minutos y con firmeza le dijo:

–Existe la posibilidad, con una condición.

–¿Cuál?

–¡Casarnos!

–¡De acuerdo! Lo que no te cumplí cuarenta años atrás, se hará realidad.

A la semana siguiente:

Vida de la Rosa y José Ángel Rojas, celebraron su boda, salieron de la mano bajo una lluvia de arroz.

Tomaron el auto que les aguardaba, con un grafiti en su cristal trasero que decía:

"Recién Casados"

Acontecimiento que dejó a todos con rostros de felicidad y convencidos de que,

"Nunca es tarde, si la dicha es buena".

Luis Gutiérrez Pérez

Luis Gutiérrez Pérez, nació en Ciudad de La Habana, Cuba, en un buen año de la década de los 60. En la adolescencia inició su actividad literaria con largos poemas y cuentos inacabables, los que ahora es incapaz de mostrar. A los diez y siete años comenzó a participar en los talleres literarios en su terruño natal, Habana Vieja.

En los años 1990 y 1991 ganó los concursos de cuentos de los talleres literarios en la Habana Vieja. Por esa fecha tan vertiginosa e importante de su desarrollo, colaboró como reportero para el diario capitalino "Tribuna de La Habana". En el cual se mantuvo por varios años.

En 1992 obtuvo mención en el primer concurso de relatos "Cirilo Villaverde" y en el concurso de cuentos provincial del municipio Guanabacoa. Se graduó como técnico en Contabilidad en el Politécnico De Economía de Ayestarán.

No se sentía feliz y en 1993 emigró a los Estados Unidos, donde reside.

Participa activamente en el "Club de Literatura" que con éxito dirige Francisca Argüelles, donde afirma que "se siente realizado y dichoso". Formó parte de las antologías "Un Horizonte Literario" 2010 y "Navegante de Palabras" 2012

gutieperez@hotmail.com

A

Mi mamá Caridad Pérez
por su infinita paciencia.

MONÓLOGO DEL PECADO

Hoy cumplo treinta y dos años. Soy una vieja. A esta edad la mayoría de las mujeres están casadas, tienen hijos y un esposo que las aman. Viven en casas cómodas, amplias, con un patio donde los niños juegan y son felices. El presente les sonríe y el futuro les hace guiños cómplices. Sus caminos son rectos, definitivos; Dios los trazó con sabiduría. Delineó sus vidas aún antes de nacer, por lo menos eso dice la palabra. Yo a veces lo dudo, pues no entiendo por qué me olvidó. Yo no me llamo Eva.

Quizás Dios pensó que yo no era merecedora de su compasión, de su misericordia. Que podía valérmela sola, que mis alaridos desafiantes eran auténticos. No, no, aunque me sea duro reconocerlo la insatisfacción me cercena el alma. Y anhelo gritar que no soy capaz. Que detrás de la fachada de autosuficiencia, de orgullo desmedido solo hay una muchacha tímida, presta a correr al menor ruido. Quizás eso noten mis clientes cuando derraman su semen fétido, corrupto y me observan victoriosos, alegres. En esos momentos quisiera ahogarlos en su propia inmundicia.

Pero no, soy una profesional ¿Gracias a Dios? Alguien que reparte caricias a cambio de cincuenta dólares para comprar la leche que toma mi padre, el mismo que yace en un frio sillón de inválido con los ojos mudos y las manos parkinsonianas ¿Esta es la justicia divina? ¿Por qué alguien se tiene que prostituir para satisfacer las necesidades más perentorias y vitales de una vida que no eligió? Cuando lo analizo noto bullir la sangre en cada vena, en cada arteria, el cerebro se me eriza de imágenes y solo pienso en una soga apretada y un sacerdote que me promete ir al cielo.

Sin embargo, para mi padre soy una brillante maestra de Matemáticas en una escuela nocturna ¿Maestra, escuela? Ningún centro docente funciona toda la noche. Le miento a mi padre; a mis amigos, a los verdaderos y los falsos; me miento yo misma. Soy una patraña en vestido de noche. Apenas una caricatura de lo que pude ser. Alguien que se graduó de licenciada en Matemáticas con cinco puntos en la tesis final e inundada de felicitaciones.

Ese día fui feliz ¿El único? No lo sé. Deseaba un aula impoluta, unos pupitres de madera recia y un ejército de inquietos niños que hablaran y rieran a mi alrededor, creándose un espacio irrepetible, un lugar del que yo no querría salir. Estaría atrapada en un mundo ideal. Ahora creo que fui dichosa ese día. ¿De qué quejarme?

También, en ese tiempo dorado, soñaba con Roger. Un muchacho alegre que creía en la felicidad de un amor compartido. Lo amaba, y me veía casándome con él, en el Palacio de los Matrimonios. Mi padre entregándome en el altar y mi progenitora luchando con una lágrima esperada. Todo era perfecto, como una postal de Navidad. Sin embargo un día ella abandonó a mi padre en busca de un amor más joven. De súbito olvidó todos sus afectos en una huída cobarde. Aún mantiene su silencio, solo confío en que sea feliz. Mentira.

¿Y yo? Elegí el camino más fácil. Pasé de maestra a prostituta falaz. Soy la culpable. Había muchos senderos. No todos estaban llenos de ignominia y estiércol. Pero ahora, aún después de tanto tiempo, siento la cobardía adherida a mi piel. La recorre como el hacha filosa del verdugo. No fuiste tú, Dios. Soy la responsable, solo yo.

Todavía recuerdo la primera vez. Era un señor de masas amorfas. Se babeaba. Yo tenía que aguantarle su peso extremo, su sudor pegajoso y caliente, sus dientes como colmillos sobre mi piel. Después de más de una hora su miembro quedó exhausto y se rindió. Fue el final de un acto asqueante e iniciatorio para mi.

La vida siempre está por construir, dijo Sacha, un amigo. Y yo siento que a pesar del estigma indeleble, de la huella, de la cicatriz incurable que te marca para el resto de tu vida hay algo que se puede rescatar. Algo que halas con la fuerza de un gigante, que empujas con una tenacidad casi sobrenatural. En ello te va la vida, y no lo debes soltar por ningún motivo. Es la esperanza. Por ella abrí los ojos lagañosos esta mañana, y vi la vida desde la óptica de un jardín inundado de rocío y mariposas nobles. No se si Dios me bendijo cuando me persigné con las manos húmedas, pero dije el salmo favorito de mi padre cuando se percata que no puede caminar y por sus mejillas cálidas cae una gotica traviesa. Si, a veces es imprescindible aferrarse a la esperanza, pensar que todo será mejor a partir que tú desees que todo sea para bien. Y yo he determinado que todo futuro va a ser un regalo, una promesa cumplida. Que voy a detenerme en mi alma, mis sentimientos y mi corazón, y allí hacerle una fiesta al mañana que me bendijo dándome una razón para no observar tanto el cuerpo, que es como un nido de cicatrices que te reclama el pago de una cuota que ya ofrendaste.

Hoy me han hecho el mejor obsequio de cumpleaños. Fue como un sol que salió solo para mi. Un profesional de bata blanca y rostro alegre me dio la noticia. Un bebito, pujante y juguetón, surgirá desde lo más profundo de mi ser. Es cierto que no tendrá padre. Yo seré la madre íntegra. La mujer que venció al fango y a la desolación por un hijo deseado. Al principio pensé en llamarlo Roger, pero lo que sucedió ayer destrozó mis más cándidos sueños.

En la tarde, después de tanto tiempo –Eres impredecible Dios– lo volví a ver. Iba del brazo de una señora alta, pétrea cual estatua solemne y con un pequeño lunar en una de sus mejillas mustias e incoloras. Roger se turbó un tanto al verme pero después en un gesto duro espetó: "Yumilka –y señaló a una niña como de cinco años que iba colgada de su brazo– Ella es tu hermana. Dale un beso". Yo me quedé inmóvil, petrificada, mientras la señora me observaba impávida, hierática, como a mil años de distancia. Se pensaría que era la primera vez que se encontraba conmigo. Yo dudé, pero no había equivocación posible. La señora que me observaba con mirada gélida y distante era mi madre.

Amparo Laucirica

Amparo Laucirica, nació en la Habana, Cuba, donde estudió magisterio. Trabajó como dibujante y fue editor de cine en el ICAIC (Instituto Cubano del Arte e Industria Cinematográficos). En 1972 emigró a España, donde vivió durante dos años, trabajó como editor de cine y como diseñador de fondo.

Posteriormente partió para los Estados Unidos.

Vivió en New Jersey, y en New York fue diseñadora textil.

Actualmente reside en Miami. Es escritora y sus cuentos y poesías han sido premiadas, sus obras están impresas en varias antologías.

También se dedica a pintar, y se ha destacado en el mundo del arte, ha participando con sus hermosas obras en varias exposiciones.

Publicó un libro de cuentos cuyo título es: "Relatos para escapar".

Para conocer más de su obra, puede visitar
su sitio www.amparolaucirica.com

"Siempre hay que agradecer", ese es mi lema.

En esta ocasión, agradezco el participar en la antología del "Club de Literatura" que dirige Francisca Argüelles. Debería aprovechar y nombrar a todos los que de alguna forma ayudaron a la realización de mi libro "Relatos para escapar", pero es justo que, al menos, no olvide la cooperación de Virgilio Forte, mi ángel guardián (como él mismo se hace llamar).

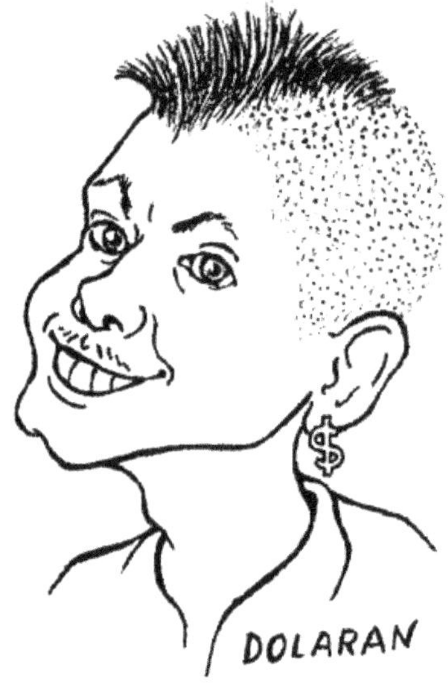
DOLARAN

¡HAY QUE ABRIR ESA PUERTA!

¡Yo viviré más que el tío panadero, que llegó a celebrar su cumpleaños ciento uno! Así se expresaba Julián; pero al arribar a los sesenta y ocho años, quedó ciego por disposición del destino. Su espíritu, dentro de aquel cuerpo fornido en un principio, perdió el entusiasmo de llegar a vivir tanto. Estaba molesto por ser un estorbo cuando siempre había sido el hombre que resolvía en la casa, y además, por haber tenido que renunciar a casi todo su mundo, muy particular, que le fascinaba. Desde que tuvo uso de razón, este hombre admiró la entereza de personas tullidas o incapacitadas, enfrentándose a la rutina de sus vidas, o cumpliendo sueños difíciles de lograr. Esos ejemplos fueron suficientes para que intentara sobreponerse a su desgracia, y como era "un tipo optimista" (él mismo se llamaba así), rápidamente, aceptó su nueva condición.

Un día, para distraer a Julián, su esposa lo llevó a pasear por el parque, y a Julián se le acercó un gato maullando. Él quiso congraciarse con el animal, alargó la pronunciación de las vocales para imitar su maullido y le contestó: –Miiaauusii– e inmediatamente, sintió que el gato se pegó a sus piernas. Con el ronroneo peculiar de estos animales, se estregaba amistoso y él pensó: "Debo haberle hablado parecido a su idioma, o quizás está necesitado de un amigo".

En el regreso, el gato siguió tras ellos y Julián lo cargó al entrar en la casa. Su esposa comprendió que el animal viviría con la familia y no perdió tiempo. Para que entendiera sus limitaciones, preparó una vasija con leche y se la mostró. Después, llevando el recipiente y seguida por el gato, caminó por un pasillo poco visible al lado de la cocina que conectaba a una escalera. Subieron sus escalones que crujían misteriosamente y en su descanso alto, donde había una puerta cerrada, colocó ese primer alimento para el gato callejero, quien bebió la leche hasta la última gota. La casa ya era su hogar, y pareció gustarle el nombre de Miiaauusii, cuando la buena mujer le hablaba como lo había hecho Julián.

La personalidad del gato se adaptó, desde el principio, a permanecer fuera de las habitaciones en "la casona." Así nombraban a la vivienda antigua y amplia que compró Julián, y que para el tiempo en que él se quedó ciego, también la ocupaban su hija y el esposo.

Julián, para contrarrestar su disminuido contacto con lo que lo rodeaba, solía llevar consigo, un equipo portátil que le regalaron, donde escuchaba los temas musicales de películas famosas. Eso era bastante disfrute para él, y trataba de tener puestos los audífonos para no molestar, menos junto al gato, en las áreas de la casona donde Miiaauusii podía moverse.

Como un augurio de consuelo, Julián recibió la noticia de que su hija le daría un nieto varón. El se sintió muy contento y afortunado. Estaba seguro que no iba a existir otra persona que fuera a quererlo más que él, ni que pudiera enseñarle como él lo haría, lo indispensable para vivir feliz.

El futuro abuelo, no buscó una escuela especializada que lo ayudara en su incapacidad, sólo pensó: "La naturaleza es sabia, despertaré mis aptitudes dormidas; esas que desaparecen cuando nos abandonamos, cómodamente, en los brazos del progreso, y que fueron tan útiles a nuestros ancestros. ¡Aprenderé! ¡Sabré detectar y medir la distancia que me separa de las cosas, sin contar con mis ojos!".

Durante la espera del nacimiento de la criatura, Julián tenía que esforzarse en agudizar los sentidos que le quedaban, y ordenó a su intuición o a su ser interno, infinitamente más sabio que su razonamiento, que no lo abandonara.

El hombre olvidaba su condición, y sin la guía adecuada, realizaba ejercicios fabulosos y extraños con Miiaauusii. La tarea que se impuso maravillaba a la familia. Julián, no notaba que todos contribuían al éxito de lo que se había propuesto, y el resultado fue increíble; le demostró a su hija, que se podía confiar en él a pesar de su ceguera.

¡Al fin nació Gregorio! Gran parte del día Julián cuidaba a la criatura y velaba su sueño. Permanecía a su lado completamente alerta, mientras escuchaba su pequeño equipo de música bajándole el volumen. Cuando Gregorio despertaba se acostumbró, tanto a la compañía de su abuelo, como a oír la música con el tamborileo de su compás sobre su barriguita. Algo que hacía Julián, con sus cálidos dedos, para consolarlo hasta que alguien de la casa aparecía con ayuda. Esa caricia rara, también era un motivo para que el bebé, se riera a carcajadas. El poder mágico de su risa inocente, no podía quitar las sombras que dejaron sin luz a los ojos de su abuelo, pero lo contagiaba y él agregaba a su optimismo gran regocijo. Lo cierto era que, para Gregorio, la voz de su abuelo era la mejor compañía. Todas las historias hermosas que le relataba, aún sin que tuviera edad para entenderlas, lo encantaban.

En las primeras semanas después del nacimiento, fueron escasos los ratos en que el gato podía estar cerca del niño y de Julián. Algunas noches se escapó de la casona aventurándose en salidas nocturnas, que debieron convertirlo en padre de algunos gatos del barrio. Al poco rato, regresaba buscando al amigo, la comida y su cama confortable en el descanso alto de la escalera, frente a la puerta cerrada. Miiaauusii era el único que no dormía en una habitación.

Llegó el tiempo en que, muy curioso, el gato podía acercársele a Gregorio, y a pesar de conservar los instintos felinos, su comportamiento como mascota era excelente. Él y Julián, formaban el equipo ideal para proteger y cuidar al niño, que crecía más divertido que cualquier otro de su edad. Su juguete preferido era Miiaauusii. El retozo entre los dos significaba ejercicio y, aunque varias veces, Gregorio lo apretó muy fuerte, el gato soportaba estoicamente el mal trato. Claro, que si en su tarea de niñero, podía tomarse un descanso, con un maullido ya practicado, le anunciaba a Julián que iba a desaparecer, y se escurría a gran velocidad. Gregorio no entendía; lloraba como un condenado, hasta que el abuelo lograba consolarlo diciéndole:

–Gregorio, yo lo mandé a buscar otro cuento.

Cuando Gregorio empezó a dar pasitos, podía llamar al gato con un balbuceo peculiar que parecía un silbido, y Miiaauusii respondía siempre. Lógicamente, también llegó para el niño la etapa de los juegos electrónicos, y Julián se valía de lo indecible para que el pequeño no les prestara mucha atención. En eso, no era tanto el problema, toda la familia coincidía en que su verdadero entretenimiento, eran las historias de su abuelo.

La costumbre es de vital importancia, y Gregorio se acostumbró a observar que Julián nunca abría los ojos. Él era más dispuesto e inteligente que un niño común, y al ver que los demás en la casa se preocupaban por socorrer al abuelo, resultaba gracioso cuando trataba de imitarlos.

En un atardecer lluvioso, el ambiente se había tornado oscuro. Julián sintió somnolencia y se rindió, mientras Gregorio jugaba con el gato. Era el tiempo en que el niño caminaba perfectamente y hablaba como una cotorra. De pronto, el pequeño le propinó a Miiaauusiii una caricia bastante salvaje; el gato maulló avisando que huía y salió corriendo.

–¡Ven, ven aquí gato! Esas eran las palabras mejor aprendidas por Gregorio. Se las gritó y trató de seguirlo.

Julián se desperezó. La angustia de no sentirlo a su lado fue muy breve, porque el niño, que iba tras Miiaauusii, había vuelto y lo apremiaba:

–¡Ven abuelo! ¡Busca al gato! ¡Se fue!

–Tranquilo Gregorio, seguro que habrá ido a buscar otro cuento.

Dijo Julián, sujetando la mano del niño quien ansiosamente, lo guiaba para encontrar a Miiaauusii. El abuelo comprendió su alteración. Percibía la humedad. La lluvia y el viento golpeaban los cristales de las ventanas, y enseguida dedujo que, a causa de mal tiempo, había oscuridad en la casa, y que sería peor por donde se refugiaba el gato. Julián, tanteó la pared hasta que dio con el interruptor de la luz, e iluminó el pasillo angosto unido a la cocina por donde caminaban. Al llegar al pie de la escalera, Gregorio en su búsqueda, miró hacia arriba y exclamó alegre:

–¡Allá está! ¡En lo alto! ¡Vamos abuelo!

Julián estuvo indeciso ante la orden de su nieto. Siempre temió ese momento. Le resultaba difícil subir aquellos peldaños, y volver a estar junto a la puerta que lo comunicaba con su mundo perdido.

El niño insistía: -¡Vamos abuelo!

Al fin, Julián se aseguró de que Gregorio no tuviera peligro y, paso a paso, subieron hasta alcanzar el amplio descanso de la escalera. Efectivamente, Miiaauusii estaba en su cama, frente a la puerta cerrada de la habitación más alta de la casona. Gregorio se agachó junto al gato, lo regañó antes de apachurrarlo con cariño mientras el abuelo imaginaba la escena. De pronto, algo se le iluminó dentro a Julián, hizo de tripas corazón, y exclamó entre dientes: - ¡Ya hay que abrir esta puerta!- La llave del ático colgaba de su cuello puesta en una cadena, porque él nunca quiso deshacerse de ella; la apretó esperanzado y añadió:

– ¡Si, la abriré, por Gregorio y por Miiaauusii!

Julián, tan sólo esperó el día siguiente, para pedirle a su esposa que por favor, quitara el polvo que, lógicamente, estaba acumulado en esa pieza de la casa, clausurada desde el fatal suceso. Ella cumplió su deseo con tristeza; su querido esposo quería regresar a las cosas que ya no podían ser lo mismo para él.

Las pertenencias de Miiaauusii fueron colocadas en el ático, donde dispuso Julián, y concluida la limpieza, el resto de las cosas quedaron en su sitio.

Al fin, Julián y el gato entraron en ese refugio de la casona. Miiaauusii lo curioseó, y a pesar de que existe un viejo dicho popular: "No hay ático sin ratones", el animalito no los encontró. Julián por su parte, sin tropezar, como si pudiera contemplar cada objeto, se movió por aquella habitación de puntal bajo pero espaciosa. Ahí podía prescindir de los audífonos y del equipo moderno que reproducía la música por *cassettes* y conectó el tocadiscos. Gracias a que Julián siempre tuvo orden riguroso de sus cosas, al tacto, escogió de su discoteca la composición musical que más le gustaba. Se sentó en su butacón confortable. Con el gato sobre sus piernas se deleitó escuchándola. Luego, Julián se levantó dirigiéndose a los estantes que formaban su biblioteca.

Se paseó frente a esos muebles, convencido de no equivocarse al escoger el libro que le pidieran. Durante su adversidad, antes de nacer Gregorio, algunos de esos textos, con su memoria prodigiosa, y a modo de entretenimiento, él intentó consultarlos, mentalmente, cuando se le ocurrían, y proyectaba guiones alucinantes para películas de largo metraje, e igual lo hacía para narrarle relatos fantásticos al niño. Muy despacio, orgulloso de tenerlos, Julián pasó sus manos por los volúmenes de ciencia y de historia, como también de las tantísimas novelas de aventuras, y su colección de grandes amores.

Julián no necesitaba aclarar que todo lo que estaba en el ático, le pertenecía a Gregorio. El niño todavía era pequeño, pero le prestaba atención a la música y sería fácil inducirle la afición por la lectura. En este punto, fue lógico que el abuelo presintiera una batalla grande. Tenía que adelantársele a la tecnología moderna, antes que Gregorio fuera absorbido por ella, y considerara obsoleto todo lo que guardaba el ático para él. Como el pesimismo no tenía cabida en este hombre, rápidamente reflexionó: "¡No! Eso no sucederá. Sabré conquistarlo. En un principio, lograré que disfrute mis discos y la lectura de mis libros, tal y como están, impresos en la forma tradicional; después, él será quien me hable de todo lo que se logra con los formidables adelantos de la tecnología".

Julián terminó de recorrer los estantes de su biblioteca y se paró frente a la ventana. Allí, estaba el trípode que sostenía su telescopio y se emocionó. Instintivamente quiso mirar a través de él, y crispó sus manos. Era inútil intentarlo, ya no podía contemplar el pedazo de cielo, que abarcaba su maravilloso juguete de astrónomo aficionado.

"¡Me ha sido terrible renunciar a esta distracción!" Pensó Julián; y para no darle paso a la angustia y la tristeza, salió del ático. Mientras bajaba, recordó lo que hizo cuando su nieto dejó de ser un bebé. Fue algo muy especial. Tiernamente, él había palpado su carita detallando sus facciones para saber cómo era o cómo lucía. Desde entonces, Julián vivía convencido de poder visualizar, exactamente, sus gestos cuando reía, cuando lloraba, o estaba serio, sin necesidad de mirarlo. Cuando Julián terminó esos recuerdos y consideraciones tan importantes, sentía que le quedaba demasiada capacidad para ilusionarse. Deseó seguir vivo por muchos años más, y no esperó para imaginarse la expresión de asombro que pondría Gregorio, cuando utilizara el telescopio, y contemplara las estrellas en la inmensidad del universo.

–¡Voy a buscar a mi nieto! -Dijo Julián al llegar al último escalón, y no le importó que la puerta del ático, quedara abierta.

El DUENDE CHISMOSO

–Les diré que soy... No sé... ¿Qué les parece un duende? Vestido... ¿Cómo...? ¿En cueros...? No, no me puedo describir porque soy inimaginable a vuestros ojos, como yo tampoco podía imaginarlos a ustedes, si no hubiera llegado a visitarlos.

–Perteneciente a cierto punto del infinito está la dimensión donde vivo; pero... soy pendenciero, me gusta el cotilleo, el chisme y, como estaba aburrido en mi perfecto lugar, me escapé. Andando sin andar me tropecé con un sol y le descubrí un planeta llamado Tierra. Una ínfima bola con enormes contradicciones en el comportamiento de algunos de sus moradores; terrícolas que llamaron mi atención porque se reproducen sin control. Esos son ustedes, que se quieren diferenciar de los animales llamándose "humanos". Perdónenme si los ofendo, pero se han convertido en una plaga. Se tropezaron con la gran madeja del conocimiento y cuando encontraron la punta, o el cabo de su hilo prodigioso, ¡halaron con fuerza! Entonces crearon cosas buenas y muchas muy malas; entre ellas, ¡las bombas! En esta mi nueva escapada hacia vuestro planeta, antes de que se aniquilen de la forma más sorpresiva para el resto del Universo, yo quiero divertirme contando y dejar constancia de mucho de lo que ustedes se han inventado. Empecemos por el entretenido horóscopo, con cierta base científica en astrología, y del que viven simpáticos charlatanes atracadores, que predicen el futuro de las personas y hasta de los países. Y me pregunté: "¿La predicción será igual para dos humanos nacidos el mismo día y a la misma hora con exactitud hasta en los segundos?" Yo podía responderme la pregunta aprovechando mi especial movilidad, para atrás y para adelante, en tiempo y espacio. Como ustedes son tantos, enseguida encontré dos habitantes del sexo masculino que nacieron en el mismo día, y para más coincidencia, sus vidas fueron concebidas con exactitud, nueve meses antes de sus respectivos nacimientos. La existencia del primer personaje de mi investigación surgió al finalizar la carrera desesperada de la chispa vital de su padre Marcotoño, encontrándose con la de su madre Cleobatracia. Estos progenitores eran adinerados. Ella se impacientó para tener el retrato del feto; era indispensable conocer el sexo. Debía buscar el nombre, comprarle ropa y decorar su cuarto; pero no resultó fácil; pues el futuro terrícola fue rebelde desde que nadaba la piscina interna de su madre. Lo tuvieron que retratar varias veces antes que se supiera que llegaría un varón. Cleobatracia se arrebató de la alegría. Al fin tendría a un verdadero hombre en la casa, ya que a su marido lo tenía clasificado como un enclenque. Ella quiso que todo fuera azul. Hasta Bello, el perro de la casa, un *cocker spaniel* manso y cariñoso, sufrió gran desconcierto al llegar de la peluquería donde lo arreglaban, porque al contemplarse en uno de los espejos biselados que adornaban la antesala de la mansión, vio su pelaje teñido de azul cielo. El infeliz se lamió desesperadamente, y convirtió el exquisito trabajo del peluquero en lamparones verduzcos. Cleobatracia parecía un monstruo durante la espera; quería tener un hijo fuerte y engullía, como un cerdo, hasta las sobras de comida que dejaba su marido Marcotoño, que en cambio, flaco, inapetente y nervioso, sólo deseaba que no le temblaran las manos cuando tuviera que filmar el recuerdo del nacimiento de su hijo; ella lo tenía amenazado con algo terrible, sin decirle lo que sería, si no lograba una buena filmación de la llegada de Dolarán. Así iba a llamarse el niño para que estuviera de acuerdo con la riqueza en que vivían. Y el 29 de Febrero, las 10 de la mañana, apareció Dolarán. Lo levantaron por las piernas y lloró, escandalosamente al darle las nalgadas. Él acababa de adquirir el compromiso ineludible de "estirar la pata", o estirar esas mismas piernas, llegado el momento, para desaparecer de la faz de la tierra.

–Ahora consignaré el nacimiento del otro humano masculino: Su padre Campanario y su madre Robustiana eran guajiros "del monte dentro". Con la experiencia de haber concebido dos hijas hembras, les fue fácil detectar cuando quedaron unidas sus chispas de vida en la formación de otro vástago, y estaban esperanzados en ser premiados con un varón para que trabajara en el campo. Entre ellos surgió una discusión; a Campanario le costó trabajo convencer a Robustiana que Latifundio no era un nombre. Ella había escuchado esa palabra en varias reuniones de trabajadores y le gustaba dárselo al hijo varón anhelado. Al fin, esa pareja que se amaba en aquel bohío con piso de tierra, decidió esperar por la criatura. Robustiana, al igual que con sus dos hijas, no necesitó la asistencia de un médico. Cuando se sentía el trepidar de la entrada del tren en el pueblo, ya se había subido a la mesa grande de la cocina, y agarrada de sus bordes para ayudarse, dio a luz al niño justo en el mismo momento del pitazo del tren que, como siempre se producía a la misma hora, ella pudo saber que su hijo nació, exactamente, el 29 de Febrero a las diez en punto de la mañana. Chillón, el perro de la casa, y dos gallinas tiradas en una esquina con los pescuezos retorcidos fueron los únicos testigos. El agua, hirviendo a borbotones, donde iban a desplumar a las aves sirvió para desinfectar las tijeras que Robustiana usó en el parto, mientras que el perro ayudó a limpiar al bebé lamiéndolo con cuidado. Ella nombró a su hijo Sinpán para que constara, en aquella época de tanta miseria, que había nacido sin un pan debajo del brazo. Al propinarle Robustiana las nalgadas consabidas a Sinpán, el perro ladró e hizo un dúo casi perfecto acompañando su llanto. Era un toque raramente musical, en el inicio de esa vida que, ineludiblemente a su término, se haría tierra.

–Ya se, que los personajes llegaron en el mismo instante. Sigo sus historias... ¿Qué pasa? ¡No puedo continuar la investigación!

Anuncian: *"Muchas potencias controlan las armas nucleares. Estamos a punto de una conflagración".* ¡Oh! Un dirigente tarado y extremista dice: *"EL QUE PRIMERO ATAQUE QUEDARA MEJOR PARADO".* ¡Son palabras mayores en la boca de ese arrebatado! Aunque pudiera contar con mi fantástico equipo trasmisor que ahora se llama Teiquirisivatuyusun (se afectó con el lenguaje de vuestra primera potencia), yo quiero hacer, personalmente, el estudio de estas interesantes vidas terrícolas, pero... ¡Oh! ¡No tengo tiempo para la trasmutación! ¡Me voy por un "gusano del espacio-tiempo"! ¡Volveré si no se destruyen!

¡Espérenme! VOLVEMOS A LAS ESCAPADAS DEL DUENDE CHISMOSO.

–A pasado bastante tiempo, pero aquí me tienen para seguir con mi investigación de los terrícolas masculinos Dolarán y Sinpán. Espero poder terminarla esta vez.

–La infancia de Dolarán se desarrolló con juguetes destructivos o nocivos a medida que fue creciendo. En su casa no se escogía, se compraba lo que quisiera el niño, quien pasaba el tiempo entre "nanas", educadores y sirvientes. A sus padres los retenían asuntos personales. Marcotoño, rodeado de negociantes, buscando la forma de tener más dinero y a Cleobatracia, se le iban las horas con su costurera privada, para escoger la ropa del "último grito de la moda", y poder lucirlas en las recepciones de la alta sociedad.

–Al niño le gustaban las maldades. Criaba ranas y ratones para asustar a sus maestras. Sus educadores, que disfrutaban pagas exorbitantes, consideraban sus extraños caprichos como una gracia, por lo que Dolarán tuvo una niñez carente de buenas maneras. Creció siendo un asco de muchacho, comparado con los demás.

–Por supuesto, este joven díscolo en su buen vivir, navegaba por la Internet sin supervisión, es decir, se zambullía en lo peor de ella, donde fundió los pocos cables que le quedaban conectados a su inocencia. Al fin, el amor tocó a su pantalla. Él había enviado un sugestivo mensaje: "Dolarán en alza, busca encontronazo con un amor alucinante". Él tuvo la respuesta en otro anuncio desesperado que decía: "Patineta sin control quiere estrellarse en el amor". Así se unieron dos almas gemelas.

–Sinpán dependía para todo de sus padres. Era obediente y cariñoso. De pequeño muy pegado a la falda de la madre y miedoso de los juegos pesados de sus hermanas que le tenían celos por ser el más consentido. Sinpán debió trabajar pronto con su padre, pero su mente se distraía con las mariposas y la manera singular en que llegaban a serlo. Las perseguía tratando que se le posaran encima para poder hablarles. Él era tan espiritual que creía que todos los seres vivientes, de alguna forma, podían comunicarse entre sí. Un día conoció a Tremebulinda su vecinita; tenía las piernas gambadas y siempre que Sinpán la veía le recordaba a la yegua coja, que era su cabalgadura en que trotaba por el monte. Esa similitud entre Tremebulinda y la yegua fue una buena señal para él, y procuró conquistarla. Estaba seguro que se llegarían a querer como lo hacían sus padres. Pero... ¡Esperen! Creo que debo hacer un paréntesis en mi estudio. Descubro que Sinpán, a pesar de tanta locura en los terrícolas, es un individuo de sentimientos simples y buenos. Estoy pensando... que algunos de ustedes, pueden llegar a desarrollar situaciones verdaderamente dignas...

–¡Qué espanto! ¡No sigo mi estudio! ¡Anuncian que son muchas las potencias que controlan las armas nucleares! ¡Están a punto de tener una conflagración! Un dirigente tarado y extremista dice: "EL QUE PRIMERO ATAQUE SALDRÁ MEJOR PARADO" ¡Son palabras mayores en la boca de ese arrebatado! ¡No tengo tiempo para la trasmutación! ¡Me voy por un "gusano del espacio – tiempo"! ¡Trataré de volver!

SINPAN

Alain L. de León

Alain L. de León nació en San Antonio de Cabezas, Matanzas, 1975 es autodidacta.

Tiene varios libros de poesía y cuentos, los cuales están en proceso de publicación.

Reside en Miami desde 1999

Asiste al "Club de Literatura" que dirige Francisca Argüelles.

Ganador del segundo premio en el concurso Latinoamericano Virtual de Poesía. D'har Services 2012

Ganador del Primer lugar en el concurso de Poesía del Instituto de Cultura Peruana 2012

Mis compañeros del "Club de Literatura".

LOS METEORITOS

Gracias a los quinqués, los dedos del apagón no pudieron colarse en todos los rincones. El pueblo estaba silencioso, como si cada hogar estuviera de luto o, peor aún, como si todos hubiesen muerto de tedio. Solamente los violines desorbitados de las cigarras, los inquietos sillones, los abanicos heredados de las bisabuelas y los puntos incandescentes que suben y bajan devorando los tabacos por una de sus puntas, se atrevían a romper la cargante lobreguez. Oscuridad de bombillos inútiles, fogones entumecidos y sueños prorrogados. Negrura de todo, menos de almas.

Miguel y yo llegamos a casa de Ibis saltando todo hueco transformado en charco con el torrencial aguacero de la tarde. Huecos que, desde niños, conocíamos de memoria de tanto andar descalzos por aquellas calles. Algunos, que fueron creciendo con los años, como seres que pierden sus pieles de asfaltos, ya eran huecos adultos. Los más pequeños, se iniciaban en sus oficios de baches, torciendo tobillos. Los más viejos, parecían fosas comunes en espera de un montón de muertos y, aunque no competían en profundidad con las canteras, eran, junto a las demacradas fachadas de las casas, la mejor muestra de deterioro de un pueblo.

En noches como aquella siempre emergía un buen recuerdo de alguna boca arrugada, lloraba un niño para sacarnos del letargo o, por el contrario, reía para contagiar el aire con sus carcajadas. Las noches parecían cobrar vida en esos momentos, como si de la risa del angelito brotara un arcoíris que nos hiciera ver todo de otro color, o el llanto nos dijera que no podíamos dejarnos vencer, ya que había alguien indefenso que dependía completamente de nosotros. Teníamos que ser fuertes, a pesar de lo prieto de las noches y el presente; de los huecos en las calles y en los estómagos; y de los derrumbes de los edificios, la sociedad, los sueños... Teníamos que ser tan fuertes que a veces la palabra paciencia sonaba más a masoquismo que a esperanza.

Esa noche era distinta: los cocuyos resguardaron sus verdes miradas, los gatos no hicieron acto de presencia en los tejados ni siquiera los mosquitos salieron a cazarnos. Las risas y los llantos de los pequeños dormían desde temprano, y las bocas, cansadas de desarrugar memorias, absorbían y exhalaban los suspiros de humo de los cigarros. El último suceso del pueblo comenzaba a desgastarse con los días. Pareciera que todo conspiraba para la llegada de un perpetuo silencio. Sólo los balancines, las cigarras y los abanicos ensayaban una tosca melodía.

Cinco días atrás, el pueblo había sido testigo de una extravagancia de la naturaleza: la puerca de Roberto paría un ejemplar de la camada con el hocico tan largo que semejaba una trompa; esto, poco después de pasar un meteorito y secundar a su hijo en pedirle un deseo: el cochino más grande que pueblo haya visto. Luego nació el cochinito elefante, apodo que lo hacía el cerdo más grande del mundo.

Aún así, con sus huecos, oscuridades, ausencias y cansancios, esa noche no fue peor que otras. Otro meteorito trazaba su blanca raya en el pizarrón de la noche. Esa vez las peticiones parecían aún más absurdas que las de tener un cerdo gigante.

–Yo quiero que, tan pronto como mañana, los baches del pueblo estén asfaltados. –Dijo Miguel sonriendo.

–Yo quiero que las casas amanezcan pintadas. –Solicitó Ibis.

–Yo quiero que llueva comida. –Gritó Hortensia.

–Y yo, que me llegue el permiso de salida para irme del país. –Clamó el viejo Pancho Zaranda.

–Yo... quiero que regrese. –Fueron mis palabras.

Cada mirada se volvió un silencio. Mochos de tabacos y sonrisas se extinguieron. La desafinada sinfonía de vaivenes de sillones y abanicos se detuvo, lo mismo que el chirriar de las cigarras. Caras de pena y suspiros daban a entender lo que pasaba por sus mentes: era más fácil que se cumplieran los otros deseos...La luz esperanzada de un minúsculo meteorito alado se posó en mi nariz. Gracias a un cocuyo se rompió con risas el silencio.

Esa madrugada su recuerdo fue tan nítido que hasta sentí el aroma de su perfume. Flotaba en el aire como si fuese la esencia de la noche misma o hubiese hecho erupción un volcán de flores en las márgenes de un beso caminante. Parecía avanzar hacia mí. Creí que el viento le revelaba un secreto a mi olfato. Incluso pensé levantarme de la cama y, como el más fiel de los sabuesos, seguir el rastro del aroma hasta el lugar donde se originaba. Nunca he sido bueno para distinguir los perfumes, pero ese en particular podía olerlo desde una distancia considerable. Perfume de la distancia, le llamaba yo. Perfume para tus brazos, me decía ella...

A las cinco de la mañana, cuando el gallo de mi buen vecino Eusebio hacía alardes de despertador y los aromas del café se escapaban hacia las aceras, yo era la persona que más ovejas había contado en el planeta, sin lograr dormir. A esa hora caí rendido, hubiesen podido operarme sin usar anestesia. Doce horas más tarde, un intenso olor a fricasé de pollo, como si en todas las casas se estuviese cocinando lo mismo, desató la primera de un desfile de preguntas. En efecto, todas las cocinas estaban alegres, ese día las sartenes no frieron huevos.

En un día normal, en un país repleto de escaseces, el sólo hecho de imaginar que esa noche comería carne habría bastado para salir a la calle con una sonrisa de oreja a oreja, pero ese no era un día normal. Pronto la alegría de saberme saboreando un muslo de pollo quedó en segundo plano. O estaba loco o alguien me había cambiado el pueblo. Los rostros de los inmuebles hacían gala de estar maquillados, como si antiguas pinturas hubiesen brotado de las entrañas de los cantos y las tablas. Las calles, con sus dentaduras de asfaltos llenas de caries, exhibían empastes de chapapote, plumas blancas y charquitos de sangre. Y tres noticias, tres grandes acontecimientos en un poblado del tamaño de su nombre: Cuatro Calles, opacaban la última novedad nacional.

La primera noticia fue que la Oficina de Intereses de los Estados Unidos le había otorgado a Pancho Zaranda el permiso para ir visitar a su hijo. El viejo estaba tan contento que el reuma y los resabios se le olvidaron. La segunda buena nueva parecía mentira, la causa por la que los calderos estaban alegres no era que había llegado carne a la carnicería sino algo más insólito, literalmente, una lluvia de pollos. ¿Cómo; de dónde salieron? Nadie lo sabe. Por último, y no menos increíble que lo anterior, el aviso de que el Comandante en Jefe de los baches, el Primer Ministro de Estado y de Gobierno de las oscuridades, el Máximo Líder de la revolución de los escombros, ese cerdo cuyo impacto había sido más desastroso que el de cualquier meteorito, vendría al pueblo a ver a Meteorito, nombre que le pusiera el hijo de Roberto al célebre cochinito elefante. Esa fue la razón de la pintura en las fachadas de las casas y los baches bien tapados. Había que mostrar una linda fachada para que el jefe de todos no hallara un bache en su visita.

De no haber sido porque cada uno de estos milagros tenía una explicación, inclusive la sorprendente remesa de pollos celestiales, habría pensado que los meteoritos tuvieron algo que ver. Lo que no podía negar era que al menos cuatro de los deseos que se habían pedido la noche anterior fueron concedidos con la rapidez exigida.

Pancho Zaranda por sexta vez esperaba una respuesta negativa que lo habría llevado a intentar una séptima y así sucesivamente hasta su muerte. La pintura, las brochas, el chapapote, las maquinarias, el petróleo, las brigadas de voluntarios y los etcéteras, eran una prueba más de que el Estado tenía los recursos y lo controlaba todo. Con lo de la lluvia de aves de corral las opiniones estaban divididas. Mientras para unos había sido un milagro y una irrefutable prueba de la existencia de Dios, para otros, era un indicio más de la cercanía del fin de los tiempos. Un grupo más pequeño habló de los extraterrestres y el último grupúsculo dijo que las aves las había mandado el Máximo Líder de la Revolución para que preparáramos caldosas en su nombre. Únicamente faltaba por cumplirse mi deseo, el más improbable de todos, aún más que el aguacero de pollos. Ella, el gran amor de mi vida, la mujer por la que habría sido capaz de matar, no regresaría jamás, llevábamos dos años separados y nada la haría volver a ese pueblo olvidado, ni la magia de unos meteoritos.

Con los ojos aguados me senté en el quicio del portal. El recuerdo de su perfume era aún más intenso. Todavía no se encendían los televisores y toda la alegría brotaba de los radios. Los gorriones se colaban por los huecos de los techos y una llovizna empujaba a las cunetas la sangre de los charcos y las plumas dispersas. El pueblo semejaba una postal, las casas pintadas, las calles arregladas, los bombillos encendidos y los calderos llenos, con la misma comida pero llenos. Por las aceras, como si se hubieran quitado un peso de años y de escombros, la gente subía y bajaba con caras de felicidad. Sabían que la dicha duraría poco, justo hasta el último pescuezo de pollo, pero les consolaba que las fachadas de sus hogares fueran otras y las calles parecieran nuevas. Y todo gracias al nacimiento de un fenómeno de cerdo con trompa o... ¿habrían sido los meteoritos? Tampoco importaba. Nada haría que ella regre... ¡Sara...!

La llegada de un camión a la esquina de mi cuadra me dejó boquiabierto al ver a una muchacha que bajaba de la parte de atrás. Era ella, su pelo de caracoles rubios, su medio tamaño, su piel de masa de coco, su manera de caminar, su perfume de la distancia, todo, hasta quise llamarla por su nombre. No, no podía ser verdad, definitivamente, ningún puerco, por muy extraño que fuere, podría lograr traerla de vuelta; o estaba loco o los meteoritos se divertían a mi costa con estas coincidencias.

La inquietud se apoderó de mí. Podía sentir los latidos del corazón en todo el cuerpo. Las flechas de mis ojos agrandados me anudaban la garganta. Las piernas no querían sostenerme. Estaba más erizado que la piel de una gallina desplumada. Las constantes noticias de Radio Reloj anunciaban una lluvia de meteoritos para esa noche. El sitio donde me hallaba era un buen punto para observarla. «Lloverán los deseos, pensé. ¡Qué sea ella!, me adelanté a pedir, ¡qué sea ella!» Y aunque era mucho para casualidades me dirigí a la muchacha a mirarle a los ojos, ya que solo ellos me podían decir lo que estaba pasando.

Angela del Carmen López

Ángela del Carmen López, nace en la Habana Cuba. Se gradúa de maestra Normalista (1954) y de Doctora en Pedagogía en la Universidad de la Habana en (1961).

Viuda del Dr. Andrés López del que tiene un hijo Andrés Julián, y un nieto Diego Andrés.

Salieron de Cuba en 1975. En Miami se gradúa de Bachelor in Arts, en St. Thomas University. Ahora retirada y dedicada al mundo de las letras, comparte en diferentes grupos literarios, donde todos ellos le han dado un apoyo sincero de amigos y compañeros con las mismas inquietudes poéticas y narrativas.

Ha publicado dos libros de poemas:
ASÍ NACEN FLORES DEL DESTIERRO
CANTO A LA VIDA

Y en prosa:
VIAJANDO CON LAS LUCES DEL PASADO

Tiene grabados dos CD de poemas con fondo musical.

Con gran amor dedico mis relatos a mi querido hijo Andrés Julián y a mi amado nieto Diego Andrés López, y al promotor de todo cuanto somos Dios Nuestro Señor. Amén.

DETRÁS DE UN GRAN HOMBRE, SIEMPRE HAY UNA GRAN MUJER

Sin vanidad tonta, ni pretensiones de obtener méritos inmerecidos, ciertamente creo que es una verdad, la cual se puede aplicar a cualquier nivel, ya sea intelectual, cultural, económico o social.

Existen parejas, que han logrado fundirse en una sola, por la razón que fuera...que cuando él cayera, ella lo levantara y viceversa, haciendo de ello una unión indisoluble, una forma más de demostrar que donde está la unión, está la fuerza. ¡Y que viva el amor!

Corrían años de dureza política, desenfrenos callejeros, aupados por el Comité de Defensa. ¡Cuánto odio! ¡Cuánto miedo! Y a la vez cuánta valentía y firmeza, por parte de los perseguidos y señalados por el dedo.

Así, en todas partes, sin excepciones, unas más violentas que otras, pero todas igualmente humillantes e inconcebiblemente inhumanas e inmorales, y por supuesto este caso no se escapó de tales garras.

Fue en el Centro Hospitalario de Sagüa la Grande en Cuba, magnífica institución de salud pública, que contaba con todos los adelantos de cualquier hospital capitalino y a la vez con un grupo de profesionales altamente capacitados, producto de aquella venerable institución, La Universidad de la Habana, con su venerable también, el Dr. Inclán; la que cayó como un merengue a la puerta de una escuela, en manos del gobierno usurpador y no podemos dejar de pensar y reconocer ¿dónde no existen las ovejas negras? Y con más negrura, los graduados años después, con el veneno del adoctrinamiento comunista.

Sagüa, antes de la revolución, fue bendecida con trece Centrales Azucareros, una Fundición, una Electroquímica, y además con el Puerto de la Isabela de Sagüa, donde eran cargados con el oro blanco, obtenido de nuestros cañaverales tropicales, por la mano y el sudor de nuestros guajiros cubanos y de sus obreros diligentes y esmerados en sacarle la miel de sus entrañas y convertirla en la principal producción y sustento de aquella Cuba gloriosa.

Así llega al Hospital de Sagüa su oveja negra, el Dr. Cazola, joven cirujano recién graduado de H.P. de la Escuela de Medicina. Enviado desde la Habana con todo el plumaje de un gallo de pelea, defendiendo a espuelazos limpios y sucios a su líder.

A las veinticuatro horas de su llegada, convocó urgentemente a los miembros del Partido Comunista y a todos los dirigentes del MINSAP. En ella acordaron sacar a todo el que se iba del país, porque según él, representaban un peligro para la salud pública. Así el Dr. López fue sacado del hospital y con la advertencia específica, de no poder pisar desde ese momento el quirófano de dicho centro, nunca más. Además, se le ordenaba trasladarse inmediatamente para el policlínico de la Isabela de Sagüa, por espacio de un mes completo, él solo, día y noche y residir en dicho recinto, hasta nuevo aviso.

Cuando el médico cirujano, destituido de todos sus poderes quirúrgicos llegó a su hogar, era la mueca de un fantasma lo que reflejaba en su rostro. Sus ojos tenían la mirada honda y perdida, algo que hizo que un escalofrío recorriera mi cuerpo. Con mil esfuerzos, pude arrancarle qué me ocultaba, y al fin me contara, todo el escarnio a que fue sometido.

–Vieja, me dijo: –lo que más me duele, es el salón (quirófano), tú lo sabes que es mi vida entera.

Como no lo voy a saber, si desde que éramos amigos, luego novios, hasta llegar al matrimonio, era lo que había practicado con ahínco, tantos años antes de graduarse, para lograr su cometido, como todo un cirujano por espacio de ocho años de orgullo profesional.

Nos casamos cuando le faltaban dos asignaturas para graduarse, y yo recién graduada de Pedagogía, de la misma universidad. Qué no sabría de él, y de sus sacrificios.

Todo esto ocurrió en el mes de diciembre, el mes de las tristezas más grandes, y las horribles sorpresas del destino, como el fatídico día en que el Sr. de las barbas, miserablemente le robó el trono al Bendito Niño Jesús, de su humilde pesebre.

No se de dónde, ni como tomé fuerzas, para transmitirle un poco de sosiego y mitigar tanto dolor. Pero de repente vino un recuerdo a mi memoria de estudiante graduada, una frase del Dr. Bernal del Riesgo, catedrático de Psicología en la Escuela de Filosofía y Letras y de Pedagogía de la Universidad de la Habana.

Tomé su curso dos veces, a pesar de mis altas calificaciones, porque me fascinaba su clase y gracias a Dios y a él me ayudaron a bregar tanto por los caminos de la vida.

Su voz retumbó en mis oídos como un profeta.

EL HOMBRE, QUE NO SE ADAPTA A SU MEDIO, PERECE.

Esto fue como una inyección de oxígeno, de vida, en la que me apoyé y poco a poco y suavemente, con todo lo que salía de mi corazón, más que de mis conocimientos, con gran amor, con gran respeto y la admiración y orgullo que sentía por él; me fueron creciendo más y más y pude restaurarle todas las fuerzas de lucha, afán y guerra; si, de guerra, esto era una lucha contra un Goliat; pero teníamos que ganar nuestra primera partida, a nosotros mismos y luego con esa fortaleza y coraza, venceríamos todo lo que llegara desde fuera.

A la mañana siguiente, muy temprano nos fuimos a la Isabela, llevamos con nosotros a nuestros vecinos de enfrente, Pablo y Felicia Palacios. Todos mis vecinos fueron nuestros familiares. Los de sangre, tanto los de él como los míos, ya habían partido para el extranjero. Toda la familia de Felicia residía en Isabela y los conocíamos. Cuando llegamos, lo dejamos a él en el policlínico, y nos fuimos directo para la casa de Isabelita la hermana de ella.

Ya en la noche anterior, habíamos hablado de todo lo que haríamos para ayudarlo a pasar todo este tiempo, como soldados protectores estaban al corriente de todo.

–Necesito que me ayudes, Andrés está muy mal, no lo puedo dejar sólo. Necesito que me permitas, por estas dos semanas de Navidad, estar cerca de él, no puedo hacer los viajes diariamente, las gomas del carro no aguantarán y además de dónde saco tanta gasolina….es imposible. Tú eres el ángel que salvas o condenas. De ti y de Rafaelito tu esposo, si están de acuerdo, aquí me quedo. Sólo quiero tener donde dormir y la cocina y la casa, la resolvemos entre las dos. Tú me conoces.

Regresamos al atardecer, cuando la carretera estaba fresca para las gomas. Al día siguiente a media mañana ya estaba de vuelta, con la ropa y toda la comida existente en la alacena y el refrigerador de mi casa. Todo resultó perfecto. Rafaelito le llevaba el desayuno en la bicicleta y yo el almuerzo y la cena en el carro. Pero más que el alimento del cuerpo, le queríamos dar el alimento del alma. Que viera a su hijo y pensara en él. Mis padres y único hermano ya se habían marchado del país. Mi abuela en la Habana, esperando la salida hacia el extranjero, por México. ¡Qué bueno por todos ellos! Y qué malo por nosotros. Todos los familiares de él, estaban del otro lado del charco, como solíamos comparar a la distancia entre Cuba y Miami.

Siempre fui arriesgada y fuerte ante la contienda, pero cuando salía vencedora me derrumbaba como un castillo de naipes. No es fácil, siempre considero que ser mujer, es ser mujer, aunque te comportes como un hombre; eres y serás, siempre mujer.

Así cumplimos con la primera jornada del día. Los niños de ella, eran contemporáneos con el mío, hasta tuvimos esa bendición.

El día transcurrió rápidamente, fueron muchas las cosas a organizar y planificar, llegó la noche y la hora de acudir a la habitación, ya la había visto, miré sin ver. Una "colombina" o "columbina" de hierro, con bastidor de alambre y cuatro patas de hierro, introducidas cada una en aquellas latas de leche llenas de "luzbrillante", no se para qué.

Pensé: medio mes se pasa como quiera. Nuestra cama en el hogar, era king size, con el colchón de espuma; la del niño en la habitación contigua, era personal, pero un poco más grande que el tamaño regular, con un colchón bien grueso, con un baño entre las dos habitaciones. Cuando nos acostamos, llegó la sorpresa, se convirtió en una hamaca. Yo que era la que pesaba más, me fui para el fondo y el niño rendido como una piedra sobre mí. Pensaba en acostarme sobre el suelo. Pero... las latas en las patas de esta cama, para qué eran. Tenía pánico. No pude dormir nada, fue la noche más horrible de mi vida. Así fue noche tras noche. Pero sobrevivimos. Al cabo de los años salimos en diciembre, después de tantas odiseas y entre tanto maltrato. Quedan tantas cosas por contar, que se las diré algún día. Por hoy con este relato basta. Nunca me quejé, ni comenté con nadie lo de la famosa "colombina". Dolieron mucho y se sepultaron para siempre, como el secreto del balcón y la joven quemada, que han perdurado por más de treinta y tantos años y no se por qué, afloraron ahora a mi mente, y salen del cofre de mis tristes y dolorosos recuerdos. Hasta la próxima. Y que nunca, jamás, tengan que vivir el comunismo.

María Teresa Mora

María Teresa Mora, es cubano-americana. Graduada de Piano, Teoría y Solfeo de la Música en el Conservatorio Rafolf, y es Licenciada en Geografía del Instituto Superior Pedagógico José Martí de la Ciudad de Camagüey, su ciudad natal. Cuba.

Desde pequeña mostró preferencia por las Letras. Obtuvo premios en los Concursos de ortografía en el nivel primario.

Fue miembro de talleres de Literatura en los Municipios de Minas y Camagüey hasta 1995. Primer Lugar Provincial de Camagüey, en la categoría de Décima. Participó en la Antología del Arte Volumen I de la Sociedad de Poetas y Escritores.

Ha publicado poesías en el Semanario Libre y en el periódico Los Tiempos. Salió poeta Destacada, en el Concurso Internacional de poesías de Lincoln-Martí, 2011. Miembro activo del "Club de Literatura" de Francisca Argüelles.

A todos los colegas, que con sus recomendaciones, críticas y halagos, han estimulado mi deseo de divulgar lo que escribo y que constituye una vía para expresar mis sueños, sentimientos y amor a la Literatura.

A Francisca Argüelles por mantener activo este "Club de Literatura" y propiciar obras como esta Antología que contribuye a elevar el acervo cultural de todos.

PAULO

–Nuestro matrimonio está bendecido ¡Estoy embarazada!

–¡Qué bueno! Cumpliré mi sueño de tener un varón. Y lo nombraremos, Paulo, igual que yo.

Años más tarde, dijo el padre...

–Desde que nació Paula, hemos tenido tres hijas más, y no he podido cumplir mi sueño de tener un varón.

La esposa le dice con resignación:

–Nuestras hijas son buenas, obedientes y solo Paula, ha decidido independizarse y estudiar fuera del país, lejos de nosotros.

Y años más tarde...

Los padres de Paula reciben correspondencia de la hija. Él emocionado la abre y le comenta a la esposa:

–Ha enviado copia de su título universitario:

PAULO HERNÁNDEZ PÉREZ MD

–Y cuenta que es feliz, cambió su físico y legalizó su verdadera identidad.

–Mujer se ha cumplido mi sueño.

¡Tenemos un hijo varón!

MANOLO

Era un día soleado de abril de 1924. La embarcación a vela se deslizaba por las tranquilas aguas de la bahía de Nuevitas. De pie, Manolo, experto marino por haber crecido en una aislada zona pesquera, costa afuera, observaba las nubes y el estado del tiempo, valorando las maniobras que eran necesarias hacer en la embarcación para tener una travesía sin problemas y llegar con éxito a las playas de Santa Lucía de Nuevitas.

En la proa se encontraba acomodada su familia, Isabel su esposa con sus tres hijos, dos niñas de ocho y seis años, y el pequeño travieso de Many, de tres. Todos habían salido temprano del puerto, con lo necesario para pasar la Semana Santa en la casita donde Manolo vivía todo el año, para atender su trabajo en la salina El Real, donde, al no existir carretera la comunicación por mar era más rápida, y hasta la sal procesada se transportaba a los almacenes de la cuidad por vía marítima. Isabel se había criado en la ciudad, lejos del mar, inclusive no sabía nadar. Ella, aunque amaba a su esposo, permanecía en la ciudad para que sus hijos recibieran una buena educación.

Los niños disfrutaban del viaje, cantaban; miraban extasiados la estela de espuma que dejaba la embarcación, los peces que saltaban en el agua y el hermoso paisaje de la bahía, con sus tres islotes que sobresalían de las aguas como ballenatos, y a los cuales les llamaban así. De pronto, la menor de las niñas comenzó a sentir mareos, y la madre la atendía solícita, ocasión que aprovechó el pequeño Many para asomarse a ver mejor los peces.

Un instante después se escuchó la voz angustiada de Isabel:

–¡Manolo... el niño se ha caído al agua!

Fue un grito desesperado que cambió la vida de todos los miembros de la familia. El padre con voz vigorosa ordenó:

–Agachen la cabeza y manténgase en el piso que voy a maniobrar y mover las velas.

Isabel aterrorizada, apretaba a las niñas contra su pecho, no podía entender porqué Manolo no se había lanzado al agua a rescatar al pequeño. En ese momento un sentimiento de ira e impotencia turbó su razón y permanecía sollozando inmóvil.

Manolo atendía las velas y el timón. Con esas maniobras la embarcación giró y ahora avanzaba en dirección contraria, dirigiéndose al lugar del accidente. Escudriñaba las aguas cuando de repente se inclinó hacia el mar y levantó por los tirantes del pantalón al pequeño Many; luego le dio los primeros auxilios para que expulsara el agua que había tragado. El niño respiró normalmente.

–¡Gracias, Dios mío, gracias...! –Exclamaba la madre– Y tú, Manolo, ¿por qué no te tiraste al agua para rescatarlo?

Con los ojos llenos de lágrimas, él le responde:

–Yo se que las personas que caen al agua suben a flote tres veces antes de morir ahogados.

AHORROS ENLATADOS

El sol asomaba entre el lomerío del Escambray anunciando un día soleado en esta zona considerada una de las bellezas naturales de Cuba. En un pequeño caserío situado en estas lomas, entre las ciudades de Santi Spíritus y Trinidad, comenzaba la actividad diaria de sus habitantes, en muchos casos, familias o vecinos que residían allí por muchos años ya, que poseían fincas en estas tierras.

En una de estas casas vivía Ángela, una mujer muy trabajadora, que cada día después que Manuel, su esposo, se marchaba al campo a atender los animales y cultivos de su finca, comenzaba su tarea diaria de lavar las frutas y las botellas en que envasaba los refrescos que elaboraba para su venta en la bodeguita, que poseían anexa a su vivienda.

Los vecinos y transeúntes que llegaban a comprar sus mandados, adquirían también estos refrescos, enfriados en una nevera con hielo. Ángela separaba la ganancia que obtenía con los refrescos y los guardaba en monedas americanas de veinticinco centavos dentro de una lata grande de galletas, con el propósito de ahorrar y comprar un refrigerador comercial para la bodega. Estaba muy entusiasmada con la idea, y esto lo hacía en secreto, quería una sorpresa para su esposo Manuel.

La vida tranquila de los habitantes de ésta zona cambió radicalmente al intensificarse el enfrentamiento entre las guerrillas de alzados del Escambray que luchaban por recuperar el sistema democrático y constitucional en Cuba y el ejército rebelde de Fidel Castro, quien implantaba un régimen dictatorial de tipo comunista.

El sueño de Ángela se convirtió en una pesadilla. Cada día aumentaba la presencia de soldados en la zona. Algunos vecinos se fueron a vivir a la ciudad de Trinidad, abandonando esta zona en conflicto.

Ángela y Manuel con sus dos hijas permanecieron allí, apoyando secretamente a las guerrillas de alzados con lo que les era posible, continuando con sus tareas habituales. Ángela decidió contarle a su esposo su secreto:

–Manuel, yo he ahorrado dinero americano para darte una sorpresa y comprar un refrigerador comercial.

–Y, ¿qué pasa ahora, Ángela?

–Ahora tengo miedo que lo descubran los soldados y perderlo.

Razonando que era imposible trasladar los ahorros a otro lugar, acordaron enterrar la lata debajo de unas matas de malanga de jardín, que habían sembrado recientemente en el portal trasero de la casa. Un mes más tarde la dictadura de Castro ordenó expropiar las viviendas y propiedades de todos los campesinos de la zona para evitar que las guerrillas recibieran ayuda y poder exterminarlos.

De forma precipitada y violenta, las familias fueron trasladadas a albergues Improvisados, ubicados muy lejos de allí, con la promesa de que una vez terminado el conflicto, les serían devueltas sus propiedades.

El castrismo volcó todas sus fuerzas y recursos en el Escambray; las guerrillas sin la ayuda de los campesinos fueron aniquiladas.

Todas las promesas fueron incumplidas, la casa de Ángela y Manuel se convirtió en un albergue de milicianos, no siendo devueltas las propiedades a sus dueños.

Los familiares de Ángela, los acogieron en su casa de Trinidad, hasta que pudieran reubicarse y tener su propio hogar. Manuel, comenzó a relacionarse con Raúl, un antiguo amigo de la Infancia, en cierta ocasión hablaron amistosamente:

–Hola, Manuel, ¿cómo estás?

–Buscando trabajo de que vivir, ¿y tú?

–Si tú supieras, estoy ahora de responsable del albergue de milicias que hicieron en la que fuera tu casa. Me acuerdo de aquellos tiempos en que llegaba a la bodeguita a tomar los refrescos tan sabrosos que preparaba Ángela, tu mujer. No te preocupes si conozco de un trabajo te avisaré.

–Gracias, siempre fuimos amigos. Ahora en tu nuevo trabajo me podrías hacer un gran favor. Estoy desesperado.

–Siempre fui tu amigo. Dime ¿qué puedo hacer?

–Raúl, tengo algo mío, en la que era mi casa que necesito recuperar, se trata de una lata de galletas.

–No hay problemas Manuel, eso lo resuelvo yo.

Dos días más tarde, Ángela estaba en su casa cuando llegó presuroso un familiar y le comunicó asustado:

–Han detenido a Manuel, lo acusan de contrarrevolucionario por ocultamiento de divisas que los alzados le habían dado a esconder en su casa.

Ángela le responde airada:

–No es posible, eso no es cierto.

Sí, Ángela, Raúl, el responsable del albergue de milicianos, entregó a las autoridades el dinero americano que Manuel tenía enterrado al fondo de la que fuera su casa.

En la actualidad, Ángela en el balcón de su vivienda, como una pesadilla rememora los tres años de cárcel cumplidos por Manolo en Cuba, donde contrajo la enfermedad que le provocó la muerte; las penuria sufridas por su familia antes de lograr la salida del país como asilados políticos en los Estados Unidos, y el injusto destino de sus ahorros enlatados.

Orestes A. Pérez

Orestes A. Pérez, nace en Marianao, La Habana, Cuba. El 9 de noviembre de 1940. Es graduado de Bachiller en Ciencias y Letras y de la Escuela Nacional de Periodismo. Más tarde se gradúa en la Universidad de la Habana, en Filosofía y Letras.

Conspira contra la tiranía castrista y es condenado a 7 años de prisión. En 1979 llega a España donde trabaja, estudia y escribe para publicaciones españolas y europeas. En 1981 llega a Miami, como exiliado político y estudia en el Miami – Dade College, obteniendo el título de Bachiller en Letras.

Actualmente se dedica a la Docencia en el Miami-Dade College.

Sus poemas han sido incluidos en varias Antologías nacionales e Internacionales, ha recibido numerosos premios, condecoraciones y menciones de honor en Certámenes y concursos nacionales e internacionales.

Ha publicado 9 libros de poemas y tres de cuentos:

PUNTO DE PARTIDA: (1986)
RENACER (1988)
JUEGOS DE PALABRAS (1992)
BURBUJAS DE ENSUENOS (2000)
BREVARIO DE AMOR (2003)
MI VOZ DE COBRE (Primera edición 2004)
MI VOZ DE COBRE (Segunda edición 2005)
SOMBRAS DEL ALBA (2006)
ECOS DEL OCASO (2009)
NUEVO AMANECER (2001)
20 CUENTOS Y UN POEMA (2007)
ENTRE LUCES (CUENTOS DE MEDIANOCHE 2011)
TIENE EN IMPRENTA SU PROXIMA PRODUCCION TITULADA CALIDOSCOPIO (2012)

Participó en la antologías del "Club de Literatura":
Un Horizonte Literario (2010)
Navegante de Palabras (2012)

Hace 16 años fundó, junto a otros poetas, el Club Cultural de Miami "Atenea" con diversas actividades culturales como LA NOCHE POETICA todos los últimos martes de cada mes dedicado a un Poeta determinado.

COMPAÑERA INSEPARABLE

Fue al obtener el alta de aquel prestigioso hospital donde me llevaron después del aparatoso accidente automovilístico en que me vi envuelto.

Me iba de allí con una dramática operación en la rodilla izquierda y sin la pierna derecha, aunque milagrosamente había salvado la vida.

Aquella misma noche la conocí. La sentí mía desde el primer instante en que la vi.

Su piel negra y reluciente, con un peculiar olor a nuevo, a limpio, fascinante.

Desde aquel momento decidí que sería mi perenne compañera.

A partir de ese instante hemos sido amigos inseparables.

No se aparta de mi ni un solo segundo, siempre tan solícita, callada, afable y comprensible.

Conoce todos mis secretes, mis gustos, mis amigos, al perro León, etc. así como mi rutina diaria desde que me levanto para colar el café matutino hasta que después de ver en la tele el noticiero de cada noche me entrego en brazos de Morfeo.

Ella es mi total apoyo en cualquier lugar y a cualquier hora.

Por las tardes, me acompaña a pasear por el fabuloso parque, con su maravilloso lago que hay cerca del complejo de apartamentos donde vivo. Próspera y alegre ciudad para personas de la tercera edad.

Cuantas albas y ocasos hemos disfrutado juntos.

Una de sus innumerables cualidades es no ser orgullosa, siempre está a mi lado, observándome y siempre dispuesta a servirme.

Sin ella me sentiría totalmente desamparado y pelearía por ella hasta la muerte. Mi humilde pero eficiente silla de ruedas.

VIOLACION

Cuentan que allá por el medio evo, un aguerrido capitán legionario, después de concluir una de sus conquistas territoriales para el imperio al cual pertenecía, una tarde de un verano esplendoroso, se desmontó de su brioso caballo blanco y tomó por el pelo, largo, lacio y negro a una bella joven esclava con el simple propósito de hacerla suya a la fuerza, arrastrando a la indefensa virgen a una cúpula violenta.

Sujetándole fuertemente con sus fornidos brazos, la lanzó al suelo y con sus enormes manos lascivas desató el ancho cinturón de cuero labrado que apresaba su estrecho pantalón para hacer más fácil su objetivo.

Trató entonces de conseguir furtivamente un beso amoroso de la indefensa adolescente y al no conseguirlo, rompió violentamente el corpiño de la humilde campesina que a duras penas sostenían sus ebúrneos senos.

Lágrimas corrieron tristemente del rostro de la joven como mezcla de la impotencia ante tal suceso involuntario.

Pero entonces la intensa mirada de la infeliz jovencita se tornó un áspid potente que atacó rápidamente la garganta del captor enroscándosele en el cuello y estrangulándolo con los anillos de su reptil cuerpo.

Liberando así a la sencilla muchacha de aquella cruel, horrenda y cruenta violación.

MANOLO

Se sentía nervioso y extraordinariamente excitado. Aquello no le resultaba tan sencillo como lo tenía pensado y además no disponía de mucho tiempo. Situado frente a la caja de caudales que había descubierto después de una intensa búsqueda de dos meses en la vieja casona de los Martínez Alsogaray, disimulada tras un cuadro réplica de Picasso en una pared del largo y estrecho pasillo lateral del corredor que conducía al comedor formal y más distante a la gigantesca cocina, aquella misma noche había decidido dar con la combinación que abriera dicho escondite.

La residencia se mantenía totalmente a oscuras en aquellas horas de la madrugada. Ya estaba a punto de lograr su objetivo, volvió a intentar de nuevo pero la combinación no era la correcta.

Auxiliado de una mini linterna que llevaba en su llavero, extrajo del bolsillo derecho de su pantalón un manojo de diminutas llaves llamadas ganzúas, introdujo la primera en la pequeña abertura de la cerradura, pero nada, la segunda, tampoco, la tercera hizo girar algo dentro del mecanismo de letras y números y casi cedió para lograr la apertura de la misma. Entonces con su mano derecha, giró la rueda que antecedía al orificio, hacia la derecha y logró abrir el tan anhelado depósito de valores. Al fin hubo de encontrar el ansiado tesoro, parte de la gran fortuna de la familia de aquellos tan ricos y famosos hacendados y colonos de aquel lugar.

Miró el pequeño espacio metálico, rectangular y profundo, atestado de papeles, sobres, joyas y algunos fajos de billetes de cien dólares cada uno.

Cuando se disponía a sacar lo almacenado en dicha caja fuerte, toda la casa se iluminó profusamente, de pronto, de tal manera que se quedó momentáneamente ciego ante tanto resplandor y se sintió descubierto del robo que pretendía realizar.

Me han descubierto, musitó.

Más aun lo aturdieron los gritos de cuarenta y dos personas reunidas en aquel lugar, gritándole al unisonó: ¡feliz cumpleaños, Manolo! ¡Feliz cumpleaños, que los cumpla feliz!

JOSÉ ANTONIO

José Antonio hacía poco tiempo se había casado con Juanita, una linda trigueña, de grandes ojos negros expresivos y abundante cabellera que caía sobre sus hombros como una cascada de azabache. Poseía, además de juventud, una figura escultural que era la envidia de todas las muchachas del pueblo y la admiración perenne de cuanto hombre pasase por su lado.

Aquel día, sin saber cómo, sintió la cabeza aturdida y el diablo metido en su cuerpo, a virtud de una llamada telefónica anónima donde le decían que su esposa le engañaba con su mejor amigo.

Llegó a su casa una hora antes de lo acostumbrado y comprobó, con sus propios ojos, la traición que le habían comunicado.

Efectivamente, sorprendió a su esposa Juanita con Angelito, su amigo de la infancia, en su propia cama en pleno acto sexual.

Preso de ira y de rabia, apuñaleó a su mujer varias veces, dejándola tendida en la cama desnuda y ensangrentada.

El canalla y adultero personaje había tomado solamente su pantalón, montó en su bicicleta y salió pedaleando por la angosta vereda que lo conducía al pueblo.

José Antonio lo vio alejarse por la ventana de la habitación, no podía creer lo que sus ojos habían presenciado hacía apenas unos minutos.

No lo pensó dos veces. Quería darle alcance de todas maneras. Corrió en busca de su automóvil.

Aferró sus manos, ensangrentadas aún, al timón de su carro, un flamante Fiat, color rojo, último modelo, tratando de darle alcance.

De pronto, su corazón empezó a latir aceleradamente, a muy poca distancia, divisó al infame, en aquel irregular tramo.

Aceleró el vehículo y lo envistió por detrás, le pasó por encima, atropellándole inmisericordemente, dejándolo abandonado en mitad de la vía.

Llovía copiosamente, algunos truenos y rayos hacían su aparición presagiando una tormenta.

Manejaba fuera de si, a alta velocidad, sin percatarse que entraba en una de las curvas más cerradas de la senda.

En sentido contrario se acercaba un voluminoso camión, que lo interceptó de frente.

Fue tan aparatoso el accidente que José Antonio recibió un enorme golpe en la cabeza perdiendo el sentido y fue a parar al fondo de un lago que bordeaba a la carretera.

Fueron inútiles los esfuerzos de los equipos de rescate para salvar la vida del joven que diariamente transitaba por aquel camino serpenteante, angosto y extremadamente peligroso.

Aquel, que hasta hacia pocas horas, era el hombre más feliz del mundo.

Irma V. Pérez

Irma V. Pérez nació en Matanzas, Cuba, un 9 de marzo. Cursó los primeros estudios en su ciudad natal. Sus estudios superiores en la escuela "Máximo Gorki" en Ciudad de La Habana.

Se casa con un expreso político cubano, emigra a Estados Unidos en el año 1990, se radica en la Ciudad de Miami. Tiene dos hijos.

Actualmente participa en el "Club de Literatura" de Francisca Argüelles, en el Club de Miami "Atenea" de Orestes Pérez, donde obtuvo "Mención de Honor" con el cuento "Ironías de Guerra" en el XIII Concurso Internacional de Cuento "Ilusión". Asiste al "Desalmuerzo Literario", dirigido por el Director de Teatro y Dramaturgo Yoshvani Medina.

Forma parte de la antología 2010 del concurso "Lincon-Martí".

Participó en las antologías del "Club de Literatura":
"Un Horizonte Literario" 2010
"Navegantes de Palabras" del 2012

Recibió Mención en cuento, de la Casa de la Cultura Peruana 2012

Vivianp3959@yahoo.com

"Pueden impedirte ser un autor publicado, pero nadie puede impedirte ser un escritor, o incluso ser mejor escritor cada día. Todo lo que tienes que hacer para ser un escritor es escribir".

Khaterine Nevile
Escritora estadounidense

ABNEGACIÓN

Hace cuatro años, alrededor de las dos de la mañana, desperté sobresaltada. Sentí un golpe violento en el pecho y sudores fríos empapaban mi almohada. Tomé la campanilla de encima de la mesita de noche y la sacudí violentamente, pidiendo auxilio.

El primero en llegar fue mi hijo Azariel, que rápidamente me preguntó:

–Mamá... ¿Te sientes mal?; ¿qué te duele?

–Nada, es sólo una pesadilla..., un mal sueño, un presentimiento. Me asusté.

–Mamá, si te sientes mal, es mejor que lo digas ahora. Si callas, luego podría ser demasiado tarde –dijo él preocupado.

No respondí. En mi callado temor veía la imagen de mis sueños. "¡Protégenos señor!", clamaba en silencio. Mi nuera ya estaba con nosotros, había llegado sin perder tiempo. Me tomó la presión, la tenía un poquito alta pero nada serio. Ella me observó y dijo:

–Mi amor, ve y acuéstate, yo voy a quedarme un ratico con *Ma*.

–De acuerdo –contestó él a regañadientes–, pero si ella se siente mal llámame enseguida.

–Así lo haré. Ahora ve a descansar.

Aunque aturdida, y a pesar de la difícil situación, me sentí orgullosa de mi familia. Mi hijo se fue a su cuarto a descansar; mi nuera me arropó como sólo una hija sabe hacerlo, y se acostó a mi lado. El resto de la noche, ambas angustiadas por la misma razón, no pudimos dormir.

Al día siguiente, no dejé de pensar en mi nieta Marjani. Tenía diecinueve años, y cuatro días atrás había tomado un vuelo a China, con grandes sueños como toda joven. Desde muy niña estuvo empeñada en conocer a sus ancestros. Nunca me gustó que viajara sola. Cuando lo comenté con mi hijo me contestó: "No viaja sola, va con una amiga de la infancia". En eso ellos tenían razón, y como estoy vieja y achacosa, mejor me callaba.

En mis tiempos una mujer soltera no iba sola a ningún sitio, y después de casarse viajaba acompañada de su esposo. ¡Cómo cambian los tiempos!, pensé.

Mi nieta quería que yo fuera con ellas, pero más que ayudarlas sería una carga para ambas. Estuvo reuniendo dinero para su viaje desde que cumplió los dieciséis. Trabajaba medio tiempo en una tienda de equipos electrodomésticos, y a la vez cursaba estudios de escuela superior. Estábamos muy orgullosos de ella. El trabajo nos viene en la sangre. No somos ricos, pero sí trabajadores, con una historia de labor ejemplar.

Nací en una familia pobre, de la dinastía Zhao, en el sur de la provincia de Shanghái, cerca de sus costas en 1921; y recibí de herencia el nombre de mi abuela paterna Lei, para honrarlo, como es costumbre en nuestra cultura china. A la edad de siete años, mis padres decidieron emigrar a Cuba. Subimos en un vapor para Nueva York, y de allí seguimos para La Habana. El viaje me pareció interminable, además de que fue muy triste, ya que la mayoría de la tripulación se contagió con la polio. Entre niños, mujeres y hombres, murieron veintitrés personas, incluida mi madre. Su pérdida me causó desconcierto. Tanto viajar y arribar sin su presencia era extraño. Pensaba muchas cosas, no entendía, era muy niña, la menor de cinco hijos. Mi hermana Mau Zhao, asumió el papel de madre por muchos años. Por mi parte, juré nunca más montarme en un barco. Este hecho me marcó por siempre.

En 1959, con promesas y engaños, Castro y su camarilla se apoderaron de la Isla de Cuba, nuestra segunda patria. Nos usurparon el amor y la libertad. Cuba se convirtió en un hervidero de pobreza y miseria. Nosotros fuimos las víctimas. Mi padre murió a la edad de setenta y tres años. Se fue apagando como una vela, de tristeza y desengaño, viendo como el país que nos acogió era sometido hasta convertirlo en polvo y ceniza.

Años después conocí al que sería mi esposo, Azariel Zhao, de mi dinastía, hijo de un primo de mi padre. A los dos años de casada nació nuestro único hijo, Azariel II. Meses posteriores quedé viuda, cuando mi esposo murió en un accidente de trabajo, en los ferrocarriles, donde era maquinista. Nunca más volví a casarme. Él fue, y sigue siendo, el amor de mi vida, desde que nos vimos por primera vez. Mi hijo y yo nos quedamos solos.

En el verano de 1980, en Cuba ocurren los sucesos de El Mariel. Allí tuvimos la oportunidad de escapar de la Isla y refugiarnos en los Estados Unidos, país que nos abrió sus puertas. Mi vi forzada, nuevamente, a montar en barco. Luego aquí mi hijo se casó con Naima, a quien considero una hija, y años más tarde nacieron mis nietos.

Al día siguiente de mi pesadilla llamaron por teléfono varias veces. Como no entendía lo que me decían les colgaba; pero me quedaba preocupada. A las seis y treinta de la tarde, con su habitual cansancio, llegó mi hijo del trabajo. Sonó el teléfono de nuevo y él lo agarró. Estuvo hablando unos minutos. Naima, mi nuera, entraba a la casa en el instante que oímos el grito desgarrador de mi hijo que repetía:

–Mi niña no, ella no…

Sentí que mi corazón se aceleraba y el pecho se me estrujaba. Al fin, después de varios minutos, pudo hablar:

–Por favor, Naima, prepara las maletas y consigue todo el dinero que puedas. Tenemos que volar a China de emergencia.

–¿Qué pasó? Es la niña, ¿verdad viejo? Dime que ha pasado, por favor –clamó ella desesperada.

Por las facciones de mi hijo supe que algo terrible le había sucedido a Marjani. Él nos miró a las dos y llorando dijo:

–Marjani fue encontrada por la policía, abandonada en el baño de un hostal en Shanghái, y fue llevada a un hospital en estado crítico.

Las dos comenzamos a gritar. Hacíamos preguntas. Estábamos llenas de dudas y preocupaciones, desesperadas, sin saber la magnitud del problema acaecido. Tras respirar profundamente, mi hijo, preocupado y triste, sentándose junto a su esposa en el sofá, explicó:

–Me habló la secretaria del embajador americano en China. Dijo que Marjani y su amiga habían salido antenoche con dos muchachos. Ellos se alojaban en el mismo hotel que ellas. Supuestamente salieron de la ciudad. Al otro día por la mañana, muy cerca del hotel apareció muerta Sofía, con un cartel en el pecho que decía: "No sirve". Ella era diabética.

–¡Dios mío! –exclamé–. Ya no existe un lugar seguro. Además, eran muy jóvenes para andar solas en un país extraño.

–¿Y nuestra hija? –preguntó mi nuera.

–A Marjani la encontraron en el baño de un hostal. Estaba dentro de una bañadera llena de hielo. Tenía un teléfono al lado y un cartel frente a ella con el número de emergencia y una nota donde le advertían que no se moviera o perdería la vida.

Me dejé caer en el sofá junto a ellos. Nos tomamos de las manos y comenzamos a llorar y rezar. Mis otros dos nietos que habían escuchado la conversación, estaban asustados. Mi hijo trató de consolarlos, pero él también estaba destruido. Se viró hacia mí y preguntó:

–Mamá, ¿te puedes hacer cargo de la casa y los niños?

–Sabes que no tienes que pedirlo –contesté.

El vuelo en que partieron salió a las siete y treinta de la mañana del día siguiente. Fue de veintitrés horas y diez minutos, con escala en Detroit. Nos mantuvimos todo el tiempo en contacto. Regresaron tres días después, con mi nieta en una camilla, traída por la Cruz Roja Internacional. Le habían extraído sus riñones en una operación fantasma. Su vida corría peligro. Necesitaba un riñón de urgencia.

China se negó a hacerse responsable, porque entre ellos y los Estados Unidos no mantienen las mejores relaciones. Tratamos de conseguir donantes en varios países. Se realizó una campaña internacional para ayudarla, y pedimos a familiares y amigos su colaboración. Ninguno fue compatible con ella, ni siquiera sus padres o hermanos. La mantenían conectada a numerosos aparatos, hasta que encontraran un donante apropiado para poder operarla. Luchábamos contra el tiempo. Era necesario hacer algo rápido.

Al día siguiente, temprano en la mañana, me presenté ante los médicos y dije:

–Quiero donarle un riñón a mi nieta. –Todos me miraron. Continué–: Amo ésa niña, sé que soy compatible con ella. Aquí está mi historia clínica.

De pronto se escuchó un leve ruido detrás de la puerta de la sala de juntas del hospital, que daba a una terraza soleada.

–Bienvenida, señora –dijo una voz masculina–. Soy el doctor Roberts y estoy a cargo de la salud de su nieta.

Era alto, de atractivo rostro sin ser bello, cabello castaño, piel muy blanca, y con un brillo de sabiduría en sus ojos grises. Me dio la impresión de ser un hombre ambicioso, enérgico y conocedor de su profesión. Después supe que era considerado una lumbrera en su especialidad, y uno de los mejores médicos del país. Acordamos una junta médica para las dos y media de la tarde, donde también estarían mis familiares más cercanos. Esa misma mañana le comuniqué mi decisión a mi hijo. Él pasó las manos por su cabello canoso, y exclamó:

–¡No, mamá, ni pensar en eso, qué más quisiera para mi hija, pero no!

–Cariño –insistí de forma persuasiva–, déjame decirte que tienes una visión muy reducida de lo que significa para mí el ser humano...

–Ojalá fuera así de simple, mamá.

–Esto es muy difícil de comprender, pero yo he vivido mucho y ella es muy joven. ¿De qué me serviría seguir viviendo, si ella no está con nosotros?

–Tal vez para ti, mamá. Nunca he tenido la menor duda de tu amor por ella, pero no puedo intercambiar amores.

Sentí manar sus propias emociones. Sus palabras me conmovieron en lo más profundo del alma. Finalmente quedamos en silencio. Mi opinión era que con llanto no se resuelven los problemas. Había que coger al toro por los cuernos y eso hice.

A la hora de la junta, el Dr. Roberts nos aguardaba en la sala de conferencias. Dirigió una inquieta mirada a todos y comenzó diciendo:

–la gente es tenaz cuando se trata de su tesoro más preciado. No es sorprender que una abuela dé la vida por su nieta. Tenemos una visión reducida de lo que significa el ser humano. Si yo eliminara las consecuencias de las decisiones de las personas, destruiría la posibilidad del ser humano de repartir amor, vivir de amor y morir de amor. El mundo no es un patio de recreo donde sólo jugamos, también es la espina que trae la flor. No olviden que en medio de todo su dolor y pesar, está el amor a su nieta; hay esperanzas renovadas. Es el tesoro mismo en que confiamos los unos en los otros. Las consecuencias de nuestro egoísmo pueden poner fin a las ilusiones de ayudar a los demás. Como médico me propongo extraer vida de la muerte. Estoy aquí para ayudarlos a tomar una buena decisión...

Mi hijo, acalorado, lo interrumpió:

–Todo esto es una locura doctor.

–Cálmese señor Zhao. No tenemos tiempo que perder. Su hija está muriendo, ya no está respondiendo a los antibióticos y dentro de seis horas no garantizo la vida de su hija.

Se produjo un silencio total.

–Se trata de un problema muy difícil –exclamó mi hijo, y continuó diciendo—: Amo a mi hija con todo el corazón, pero a ti también mamá.

–Lo sé, pero no podemos quedarnos con los brazos cruzados mientras tenemos la oportunidad de hacer algo –dijo solemnemente una doctora que se hallaba presente.

–No me pidas que firme los papeles mamá –indicó mi hijo.

–Debes hacerlo –repliqué.

–No puedo permitir que mi madre haga algo así –respondió con menos fuerza y vehemencia.

–Supongo que sí. La vida de su hija está en sus manos–aclaró el doctor.

La imagen de Marjani destelló en mi mente por unos segundos.

Debes hacerlo, firma esos papeles, hijo –imploré bajando la voz.

Naima me miraba agradecida. Por fin, con lágrimas en los ojos, mi hijo tomó el papel entre sus manos, se apoyó en la mesa central y firmó.

–Confío en su habilidad, doctor.

–Gracias Sr. Zhao, pero no puedo garantizar nada, ni en la operación ni después de ella. Yo dirigiré el equipo médico. Hoy a las ocho la operamos.

Minutos más tarde fui llevada por una enfermera a un cuarto del hospital donde me prepararían para la cirugía. Después me trasladaron al salón de espera. Todos se ocupaban de sus respectivas tareas con fría eficacia y dedicación, para asegurar el éxito de la misma. El doctor Roberts había escogido a los mejores médicos y enfermeras que logró reunir en tan corto tiempo. Él se acercó a mí y preguntó:

–¿Está segura de que quieres hacer esto?

–Totalmente –indiqué.

Una media sonrisa se asomó a su rostro.

–No tema, tomaré todas precauciones. Todo irá bien – afirmó.

–Espero que así sea. Hay dos vidas en sus manos, doctor – dijo Azariel con voz firme.

–Correrán igual suerte –contestó el doctor, y salió de la habitación.

Dos días más tarde desperté de un sueño inducido. Al principio muy lentamente. Una fantasmal silueta se recostaba contra una inmóvil silla del cuarto. Oí una voz lejana diciendo:

–Comenzaba a temer que hubiera entrado usted en coma.

–No, supongo que no —contesté.

–Muy bien. Su nieta está bien, estable. Ahora usted tiene el riñón derecho y su nieta uno izquierdo. No se preocupe todo está bien.

–Gracias, doctor. Benditas sean sus manos por devolverle la vida a ella.

Aunque adolorida, un regocijo de placer me llegó al alma. Marjani permaneció inconsciente hasta el amanecer del siguiente día. Su estado de salud era satisfactorio. Dos días después me llevaron a verla. Estaba sentada en una mecedora y su rostro se iluminó al verme. Se encontraba con ella su mamá y el doctor Roberts.

–Nunca podré agradecerte lo suficiente, abuela –dijo ella.

Sentí revuelo y alegría en mi corazón. Nos abrazamos. Lágrimas rodaron por sus mejillas. Le temblaban los labios y la barbilla. Naima le acarició la cara.

–Ahora lo recuerdo todo. ¿Dónde están los que robaron mis órganos? –preguntó.

–Ya nos ocuparemos de eso más tarde –respondió Naima.

–Fue una suerte, muchacha, que tuvieras una abuela tan generosa. Resulta curioso que la única persona compatible contigo se llenase de valor para hacerle frente a la situación, a tan avanzada edad. El amor todo lo puede. Es casi un milagro. Dios ha sido generoso con todos –terminó diciendo el doctor.

–Una casualidad que fuese su abuela esa persona– Murmuró Naima con una sonrisa en los labios.

Yo también sonreí, afirmé con la cabeza y me senté frente a ella.

Después de darnos el tratamiento médico y los cuidados necesarios, nos dieron el alta del hospital.

Ahora que estoy aquí siento algo que nunca había sentido antes, ni siquiera en los momentos más emocionantes de mi vida. Estoy en contacto con una parte muy profunda de mi ser. Dentro de mí echó a andar un motor, y supe que era inútil detenerlo. Hice lo que mi corazón pidió que hiciera. Me siento bendecida por Dios, porque me dio la oportunidad de hacer a los ochenta y cinco años algo importante por alguien. Dar y recibir amor. Camino a casa vamos las dos, como si fuéramos una sola persona, dos vidas que comenzaron a forjar sueños sin importar el tiempo. Ambas lo habíamos desafiado. Era el verano y el sol dibujaba en las calles caprichosas figuras de distintos colores y matices. Mi nieta se recostó en mi regazo hasta llegar a casa. Una felicidad infinita se dibujó en mi rostro. Mi nuera nos miró y sonrió.

Elizabeth Ponce

Elizabeth Ponce, escritora estadounidense nacida en Miami, Florida. Hija de la escritora Irma V. Pérez. Realizó sus estudios secundarios en la escuela "Hialeah Senior High School" graduándose con honores en el año 2012. Continúa sus estudios universitarios en "Florida International University" en Miami, Florida.

Estudia Relaciones Internacionales a tiempo completo mientras asiste como corresponsal a "Her Campus FIU". Ganó mención de honor en "Live Poets Society of New Jersey" donde le publicaron su poema "Solo Negro" en la antología "In Me."

Participó en la antología 2010 del Concurso Lincoln-Martí. Tomó cursos de poesía y cuentos con el profesor Orestes A. Pérez y asiste al "Club Cultural de Miami "Atenea" que él dirige". Forma parte del "Club de Literatura" de Francisca Argüelles, donde colaboró en las dos primeras antologías, "Un Horizonte Literario" 2010 y "Navegante de Palabras" en el 2012

Desde el más allá, te escogí. Mil veces, Mamá, lo haría de nuevo.

A mi Papito, mi almohada en noches sin aliento.

A Tata, porque sin hablar, sabemos lo que sentimos:
I love you always.

"Mi vela arde en ambos extremos;
No dura la noche, pero ah, mis enemigos, y oh, mis amigos,
Da una luz preciosa".

Edna St. Vincent Millay,
"A Few Figs from Thistles", 1920

"Y... si he escrito esta carta tan larga, ha sido porque no he tenido tiempo de hacerla más corta".

Blas Pascal;
Científico, filósofo y escritor francés.

CARTA A MAMÁ

Cuando veas esta carta ya me habré ido para "Stetson University". Me has preguntado varias veces si te extrañaré, y te he respondido que no, pero se que sentiré mi corazón romper cuando te vea partir, y regresar a casa sin mí.

También me preguntas:

–¿You love me? Y respondo:

–Me love you. Cuando en realidad te quiero con todo mi ser y mi corazón.

Nos veremos a menudo y hablaremos por teléfono millones de veces al día: al despertar, desayunar, almorzar, dormir...

Tú y yo sabemos que al final de cada día seré una persona mejor preparada, me has dado fuerza y enseñado dedicación, que los estudios nadie te los puede arrebatar. Quiero terminar mi carrera y que ustedes se sientas orgullosos de mí, los llevo en mi corazón.

Te veré al final de la vereda, en cuanto pueda volver a ti, volver a casa. Besos a papá y a tata.

Con todo mi amor, tu hija.

Cusy

Agosto, 2012

Isabel Riverón Blanca

Isabel Riverón Blanca, nació en Banes, Oriente, Cuba un cuatro de febrero del siglo pasado. Amante del arte desde muy pequeña, coincidiendo con el fallecimiento de su abuela, comenzó a escribir.

A comienzo de 1960, emigra junto a su familia a Nueva York.

Pertenece al "Club de Literatura" de Francisca Argüelles, en Miami, donde reside con su esposo e hija desde 1968.

Autodidacta. Su obra, mayormente poesía, estuvo salvajemente inédita «según sus palabras»

Ve la luz en la antología "Navegantes de Palabras" 2012

isabelmarrero@bellsouth.net

Soñé tanto... y desperté un día desnuda de llanto.

DESNUDA DE LLANTO

Desnuda de llanto me quedé un día de Reyes, ante una despedida que tenía la promesa de un regreso sin tiempo. Han pasado cuarenta y cinco años de espera larga, de un regreso sin nombre, y aún mis ojos lo buscan en la calle, y le encuentran en las viejas canciones que una vez fueron nuestras. A veces me pregunto si esto es un capricho más de mi alma, que juega a conjugarse en la suya.

Fueron años mozos: yo, llena de ansiedad de mundo y sensaciones; él, experto trovador, domador de tiempos. Yo, cantando a toda voz, alegre, saltarina; él, con el don de la disciplina, pendiente del reloj, olvidando las horas que fluyen como rayos que enervan, invitan y hacen vibrar, vivir y sentir la plenitud radiante en plena efervescencia de juventud temprana, esa que tan feroz pasa, esa, que te hace brincar hasta el cielo solo con un beso, esa que pone alas hacia el infinito; y que al solo oír la voz del amado que se acerca mariposas inquietas en el ser se agitan. Ignorabas eso. Era lo que yo sentía. Y de pronto, al saber la verdad, sentí bajo mis plantas como un hueco sin fondo. Perdí la conciencia y me sentí desmayar ante tus pies; tampoco lo supiste. Me levanté, con la esperanza de que mi amor te alcanzara, que nuestra hija sería ese eslabón irrompible. Pero te fuiste, y yo te dejé ir, con el anhelo de un regreso cercano. Y oré, sí, iba a misa los domingos, y lloré mares de angustias. Intenté finalizar mi vida, mas Dios puso su mano para que no sucediera. Fui más devota de Dios que nunca.

Modestia aparte, era linda, que hasta el cura que escuchaba atento mis problemas se sintió atraído hacia mí, tuvo miedo y cambió de parroquia. La soledad me asfixiaba. Un psiquiatra amigo de la familia temía por mí, y visitaba la casa cada semana, con suma atención. No había remedio. Me quería morir. Sólo mi hija justificaba mi existencia. Hasta que un día la necesidad de subsistir, me hizo reaccionar y empecé a trabajar.

Fueron varios los intentos, pero no podía concentrarme en un mundo real. Yo venía de lo irreal, de la fantasía de los caminos llenos de rosas sin espinas. Gracias a la educación que me dieron logré conseguir un empleo en una agencia de publicidad, comencé de recepcionista y logre alcanzar con mis esfuerzos y dedicación, la posición de directora de Medios Publicitarios, labor que me permitió destacarme en ese giro. Luego, en mi afán de lucha, me propusieron un empleo en una estación de Radio que recién comenzaba en Miami, y el propietario de la misma fue quien me lo sugirió con la idea de hacerme directora de programación de AM; así llegué a esta nueva empresa.

Me pidió que hiciera un estudio sobre las preferencias musicales y los oyentes que sintonizaban dicha emisora. En esa época el formato de programación era de música de salsa. Al terminar mi estudio del mercado, me informó que aprendiera el manejo de esa labor, quien era, en ese momento, director de programación, un muchacho joven que era el sustento de su madre. Al enterarme de esto fui a donde el dueño y le pregunté si tenía proyectado para este joven un ascenso de posición. Al contestarme que no, que simplemente yo tomaría la posición y él seria destituido, rápidamente le hice saber que yo no podía subir un peldaño aplastando a otro, no estaba en mi forma de ser ni en los valores inculcados en mi formación por mis padres. Entonces me dijo: "Lo siento, eso era el trabajo que yo tenía para ti", y me puso a mecanografiar día a día el Log, algo para mí terrible y monótono.

Gracias a Dios, me ofrecieron una posición de secretaria del Departamento de Publicidad de la revista *Réplica*, donde trabajé por largos años a cargo del Departamento de Publicidad. Ahí tuve la oportunidad de conocer y ser compañera de labores de grandes personajes, como el señor Couto, que escribió los famosos Villalobos en Cuba; la poetiza Pura del Prado, la doctora Acosta de Villalta, Lázaro Asencio, Jorge Gutiérrez, Scolarichi, Masso, y tantos otros que se me escapan de la memoria. Fue una experiencia linda. Todos éramos familia. Estando ahí me volví a enamorar. Creí, de nuevo, que la felicidad tocaba a mi puerta: un ser excepcional, de gran fe religiosa, católico; nunca se había casado y llegó a mi vida como magia. Amante de la poesía, la música, fino, cortés, educado, pendiente de todos los detalles, todo un caballero, de esos "raros" condenados a la extinción que ya no transitan; así, como caído del cielo. A mí, que ya no creía en nadie, me cautivo el corazón.

Comenzamos una relación, yo, como una colegiala. Cada vez que me iba a buscar para salir se presentaba con un ramo de rosas amarillas (mis predilectas), para mí, para mi hija una caja de bombones así como para mi querida madre un ramo de rosas blancas, escogidas así, por hacer juego con su nombre, pues mi mamá se llamaba Rosa Blanca. Le obsequiaba esas flores por haberme traído al mundo. Era así de lisonjero, halagador, espléndido, de un corazón de niño, contribuyente fiel con las causas nobles. Por él me enrolé de nuevo en el College para estudiar Social Worker, yo era su novia, puramente inmaculada, su universo celeste, su musa encantada. Él, a veces tenía actitudes un poco raras.

Una vez en la casa de mi adorada amiga Betty, se sintió celoso de un famoso cantante, tanto que me dejó allí y se marchó. Yo me molesté y le di por terminada nuestra relación, por los celos injustificados. Cuál no sería mi sorpresa cuando después de unos días siento un helicóptero volando bajo, por mi casa en Miami Beach, con un letrero grande flotando en el aire, cuyo mensaje decía: "ISABEL, TE AMO", dejando caer claveles rojos y *kisses* de Chocolate.

Me enternecí, y claro que lo perdoné, y reanudamos la relación. A veces nos encontrábamos, en algún restaurante, y siempre me esperaba con rosas amarillas. Era así, único, impredecible, y yo que soy tan romántica me sentía en las nubes, feliz; pero no me proponía matrimonio, y mi estricta madre me lo hacía saber de vez en cuando.

Un día, víspera de san Lázaro, una amiga me invita a la conmemoración que con tal motivo se le brinda al santo, una majestuosa fiesta en la casa de su hermana, y allá fui con ella y su esposo. Un enorme san Lázaro, casi rozando el techo, allí soberbiamente instalado estaba, y alguien con mucha fe me dice:

"Pídele lo que quieras, y verás que te lo concederá". Yo, al oír aquello hice mi petición, con todo mi anhelo y el corazón en la mano:

San Lázaro querido, con tu divina gracia concédeme la alegría de casarme con este señor que amo. Yo te prometo que si lo logro seré fiel devota de ti, visitaré cada día diecisiete tu santa iglesia, donaré para ti cada kilo que a mis manos llegue, no lo gastaré, serán tuyos mientras tenga vida. Cada diecisiete que a tu iglesia vaya vestiré algo lila. Y mencionaré este milagro que pido me concedas, cada vez que pueda, como fiel testimonio de tu divina gracia.

Al día siguiente me llama mi novio y me dice podríamos almorzar juntos para luego ir a la joyería a escoger la sortija, a fin de fijar nuestro compromiso. Yo me quedé muda, atónita, impactada, aquello que yo anhelaba oír lo estaba escuchando, tan pronto como al día siguiente de mi petición. Bendito seas san Lázaro, has escuchado mi ruego, gracias. Corrí eufórica a comunicarle a mi madre y enseguida me fui con mi hija a encontrarme con él. Su mamá, contenta nos recibió y fuimos a ver sortijas. Escogí una bella sortija, primero el brillante, y el inserto para cuando nos casáramos, bello, bello. Al otro día mi hermana preparó una comida, y mi madre estaba allí también. Él se presentó con la bella sortija y pidió mi mano. Sellamos la petición con un brindis de champagne, y nos apresuramos a buscar residencia, pues a él no le favorecía el vivir en Miami Beach. A mí esto me disgustaba, pues me encantaba vivir ahí, además de que mi madre vivía en la planta baja de donde yo residía, facilitándome el cuidado de mi hija. Mi hermana hacía poco se había mudado, estrenando un edificio en la ciudad de Hialeah, y debido a que ella podía (creía yo), cuidar a mi hija los días que yo asistiera a clases por la noche. Me avisó de un edificio pequeño al lado del de ella que ya estaba listo para rentar los apartamentos.

Nos enamoramos de inmediato: amplio, nuevo y muy bien diseñado para confort y belleza. Lo alquilamos, y me mude con mi hija, mis muebles queridos de toda mi vida, el se quedó con su mamá hasta que nos casamos casi un mes después. Nuestra boda fue linda, se celebró en una bella casa en Miami Lakes, con un hermoso lago, en un día precioso de sol, donde mis amistades mas allegadas dijeron presente; y nuestros padrinos de boda fueron mi amiga Betty, y su entonces esposo, vicecónsul de España, don Jesús C. Fue una fiesta de celebración muy emotiva. La doctora Acosta de Villalta nos sorprendió con un bello poema. Así como la reseña de la boda fue publicada en *Réplica*, con lujo de detalles.

Me sentía feliz, otra vez realizada, ahora madura, con un poco más de experiencia y toda la ilusión del mundo, con una madre que lo idolatraba y lo cuidaba con esmero. Él era muy familiar, cosa que me gustaba. Los domingos desayunábamos con su mamá e íbamos a misa juntos. Muchos domingos me esmeraba en la confección de comidas, y mi familia también disfrutaba con nosotros de estas reuniones. Él me quería tanto, que continuamente me quería a su lado. A veces, cuando alguna amiga me llamaba por teléfono y yo me extendía conversando con ella, cuando regresaba para estar junto a él muchas veces no estaba, se había ido para la casa de su madre. Me dolía esa actitud, pero yo trataba de amoldarme a su antojo. Era sumamente sensible, susceptible e incapaz de buscarse un vaso de agua para tomar, yo me esmeraba en complacerlo trabajando en oficina, bien vestida y con tacones. Al llegar a la casa tenía que arreglarme y ponerme siempre andar en tacones bien vestida, de lo contrario pensaba que ya no lo quería. A veces, yo cocinaba y al llegar él me decía: "Ofrécele esta cena algún vecino y vámonos a cenar a un restaurante". Yo accedía.

El primer Thanksgiving en nuestro hogar invité a toda su familia y a la mía, y puse un arbolito grande que casi llegaba al techo. Horneé un delicioso pavo relleno con pasas, almendras, apio, manzanas, además de otros acompañantes para la cena. La casa se veía preciosa, toda decorada y con velas la mesa, bien puesta con mi mejor vajilla, copas, cubiertos y jarrones con lindas flores frescas se escuchaba la música instrumental, suave. En fin, había creado un ambiente para celebrar esa fecha tan linda e importante. Él subió a bañarse y cuando bajó ya toda la familia estaba presente; y conversábamos felices. De pronto, me llama hacia un lado y me dice: "Dile a todos que se vayan, yo quiero cenar solamente contigo".

Me horroricé ante tan terrible petición y le respondí que de ninguna manera iba hacer eso. Él se molestó y se fue para la casa de su mamá, aunque ella estaba con nosotros. Todos nos entristecimos, sin comprender, y con pena, silenciosamente cenamos. Acto seguido todos se fueron. Mi hija se fue con mi madre, y yo con su mamá para la casa de ella. No podía explicarme su extraña actitud. Él me respondió: "Es que te quiero tanto, que no concibo tu atención hacia nadie más. Perdóname, yo quiero un mundo para dos". Al día siguiente se me apareció con una bola de cristal transparente, dentro de la cual habían tres rosas amarillas me dijo: "Ves... Somos tú y yo, y tu hija, en un mundo de cristal. Podemos ver hacia afuera, pero nadie nos toca". Dicha bola era musical, con la melodía de *Somewhere my love*.

Un domingo me llevó a desayunar al Hotel Doral, de Miami Beach; luego fuimos a la matiné a ver una película. De regreso a casa, en el trayecto no paraba de lisonjearme, de decirme cuanto me quería...; yo me sentía feliz. Como a las diez de la noche nos acostamos, me dormí enseguida. De pronto, desperté con pánico: me estaba ahorcando con sus manos en mi cuello, apretándome, y los ojos abiertos, desorbitados. Lo empujé, casi lo tumbo de la cama, y salí despavorida llamando a mi hija que dormía en el cuarto de al lado. Él venía detrás de mí. Bajé rápido las escaleras y cogí el teléfono mi hija detrás de él con una lata de espray de pelo. Él se acobardó, pues pensó que la lata era de otra cosa y se fue corriendo para la casa de su mamá. Luego me enteré de que era un esquizofrénico, sufría de paranoia y tenía el complejo de Edipo.

Luis Jaime Saiz

Luis Jaime Saiz, nació en junio de 1949 en el pueblo de San Gregorio de Mayarí Abajo, Oriente de Cuba. Su vida profesional comenzó en 1969 cuando hizo un curso emergente para convertirse en profesor de historia; incursionó en la música; practicó la fotografía; experimentó como taxidermista; laboró como técnico museólogo y hasta lo hicieron director del Museo Municipal. Finalmente renunció a todo, arriesgó su futuro mutándose en un pobre agricultor para el sostenimiento de la familia. De todas las facetas aprendió la esencia, y cuando llegó a Miami en el 1997, ensayó como escritor, de cuyo atrevimiento salieron varias novelas y un libro de cuentos.

Cinco estrellas lo han marcado para siempre: El ascendiente ejemplar, la insuperable esposa, los hijos queridos, los nietos adorables y los mejores amigos.

A mis compañeros del "Club de Literatura" de Francisca Argüelles, sin ellos mi exploración en las letras hubiera tomado otro derrotero.

EL COLLAR DEL JEFE

Estuve siempre en peligro de ser inmolado a partir del momento en que mi primer amo cayó muerto a causa de un sablazo en su cuello. Aunque él era un habilidoso guerrero no pudo desviar el golpe que bajó veloz del brazo de un caballero con coraza, morrión y demás armas de hierro. Yo vi cuando venía el sable decapitador con toda su fuerza mortífera y sin saber cómo evitarlo rodé por tierra junto al amo bueno que me quiso más que ningún otro... Y yo quedé sin dueño que es como ser inútil dada mi condición servil, por lo que el vencedor me hizo suyo y a partir de aquel momento, castigado por los Dioses, he trabajado para muchos hombres porque fui vendido, robado, canjeado, perdido, y por si fuera poco, depositado como dote dentro de los bienes que una familia rica entregó junto con su hija al poderoso amo que me empleó como fiel esclavo. En mi turbulenta vida de sumisión tuve como dueño a hombres aventureros, crueles, valientes, honestos, hostiles, villanos. También serví junto a estos hombres distintos a varias banderas y fui herido una sola vez en batalla. Casi desmembrado caí a la tierra bañada en sangre en aquella guerra que se desarrollaba dentro de un espeso humo y miles de soldados matándose unos a otros por una causa que ni ellos mismos conocían, yo mucho menos, pero estaba obligado a seguir a mi dueño. Nunca pude hablar, desde que me hicieron surgí sin habla pero no impidió que fuera útil a cada momento de ser reclamada mi ayuda.

Como soy mudo, todos suponen que no oigo, pero no es así. Para comunicarse conmigo basta con tocarme y hablarme bajito o pensar poniendo en su mente mucha fe y si existe afinidad, identificación entre ambos, lo entiendo sin palabras, sirviéndole en lo que sea menester o alcance mi fuerza. Así fue siempre. Ellos pedían y yo obedecía. Aunque el señor poderoso al que fui entregado por un marino –les contaré más adelante– no estaba contento con su fortuna, ni con su poder. Siempre estaba solo, alejado de la sociedad como de la luz, manteniendo en tinieblas constante su casa apartada del pueblo. Sufría la lepra, enfermedad contagiosa, razón por la cual a pesar de poseer fortuna no conseguía felicidad. Yo fui testigo durante años de muchos horrendos crímenes, traiciones, venganzas y odios, entre extraños y entre los que llevaban la misma sangre, pero nunca pasé tan malos momentos como aquellos, porque dedicado absolutamente a él me abandonó a un rincón desde el cual comencé a sentir soledad.

Por eso mi amo debido a su enfermedad pocas veces me utilizaba. Eran contados los días que lo acompañaba. Y aunque prefería no estar a su lado fui preparado para servir, por lo cual me aburría sin su presencia, sintiéndome relegado a un plano inferior de esclavo inútil. Entonces para dominar el hastío puse en práctica el recurso de evocar el pasado, a pensar en algunos de los anteriores amos aunque ninguno se podía comparar al primero –aquel fue un salvaje de pocas palabras y su vida transcurría en cacerías, cocer barro al fuego y bostezar en las cuevas– Otros lo superaron en detalles significantes, fuese por su diplomacia y educación, de los que aprendí mucho, o por la barbarie y crueldad, en cuyos personajes no quisiera pensar. Los menos por sus actos de magia negra.

Recuerdo aquella ocasión única después del combate naval, que fui elegido entre tantos de mi condición para obedecer a un nuevo dueño. Estábamos apiñados casi uno encima del otro como botín de guerra. Me sentí apreciado como nunca antes por la elección, y con toda satisfacción me dejé llevar y supuse que el vanidoso resplandor de los demás se apagaría de tirria. Mi nuevo Jefe era todo un Pirata, de capa y sombrero de plumas blancas. Lo seguí no solamente porque estaba obligado sino también por convicción y agradecimiento –por preferirme a mí que no poseía distinción ni brillo sobre los demás siervos rivales adornados con oro y plata– Me hice el juramento de obedecerlo fielmente, obsequiándole todo cuanto solicitara, y creo cumplimentado mi voto. Hoy podría jactarme de ello.

Al joven Jefe pirata lo seguí siempre. Jamás me ofendió sustituyéndome por otro. En las batallas más riesgosas o en amoríos furtivos, allí permanecí a su lado porque ese era su deseo y yo debía obedecer sin objeción.

Una mañana de aparente calma cuando el mar aquietaba sus aguas en el Caribe, mi amo permanecía en su camarote reponiéndose de las heridas sufridas en un cruento abordaje, y yo con él muy vigilante, porque rumores corrían que algunos marinos con el Contramaestre a la cabeza, estaban tramando un plan para asesinarlo. Por eso a cada ruido venido de cubierta, ajeno a la rutina, mi Capitán entreabría un ojo y posaba su mano sobre mi cuerpo, confiando en mi poder más que en sus fuerzas o en sus partidarios a bordo. Pero aquel murmullo se convirtió en complot y los piratas eran gente de acción, no de juicio. El mar, la soledad, la lejanía o quizá su naturaleza sanguinaria no los dejaba razonar. Apenas se oyó la descarga de fusilería contra la puertecita del camarote, ésta se abrió de golpe sin darme tiempo a nada, tampoco a mi Capitán, hombre ágil y enérgico quien se incorporó sable en mano y valor por delante a enfrentarlos, pero otros dos mosquetes le apuntaban ya, tronando endiablada la andanada, con mucho humo debido a la pólvora negra, y supe que yo había quedado ileso del disparo porque el Capitán cayó sobre mí y oí los latidos de su corazón. Seguíamos con vida mi jefe y yo, a pesar de la descarga. Con energía influí en su ánimo para mantenerlo quieto y así salvarle la vida. También escuché las risas de alegría de los sediciosos por la victoria lograda con tanta facilidad mientras el tuerto gritaba:

–Busquen el vino. Nos tomaremos el vino del Capitán.

–Sí, estamos cansados del aguardiente. ¡Maldita sea!

–¡Por las barbas de Belcebú! –gritó uno de los asaltantes al verme– ¿A quién se le ocurre llevar siempre consigo a esta cosa sin valor?

–Sólo al Capitán –dijo otro de ellos que nada más le quedaba un colmillo enorme en su mandíbula inferior –¿Por qué no lo lanzamos al agua? Ha de estar maldito.

–Sí, al agua...y sus pertenencias también –Ordenó el tuerto, que era el Contramaestre y cabecilla– Al agua con todo lo que fue suyo.

Como no fui preparado para nadar iría al fondo sin remedio y para mí sería el fin. Abrieron una ventana que daba al espejo de popa y fueron lanzando al agua todo cuanto creyeron carecía de valor para ellos. Y aún no me explico por qué, el cocinero, incorporado a la conjura, me agarró fuerte y salió conmigo hasta la mesana al mismo tiempo que el vigía subido en la cofa del palo mayor gritaba:

–¡Barco a la vista!

Y el tuerto salió de inmediato del camarote y preguntó.

–¿Qué bandera?

–¡España! –y seguidamente agregó– ¡Vienen otras naves por estribor!

En cuestión de minutos entablaban combate. Cinco poderosas naves españolas nos cañoneaban sin descanso.

Prácticamente el ataque demoledor vino solo de la Armada española. Los primeros tiros recibidos fueron para destruir la arboladura y los aparejos, imposibilitando el movimiento de la nave pirata, luego pasaron sobre la proa y nos aniquilaron con toda su artillería. Ninguno de los piratas amotinados quedó con vida, excepto el cocinero que se aferraba a mí con tanto fervor que me conmovió al hablarme y pedir al Dios del mar que lo salvara. Y decidí protegerlo. El resto de la tripulación, prisionera en la sentina, fue liberada por los vencedores y nos subieron a dos lanchones antes de hundir el barco. Suministraron a los dos grupos algún alimento, consistente en galletas con gorgojos y carne seca mal oliente, con un pequeño barril de agua que seguramente no era potable. El Comandante del Buque Insignia Español les perdonó la vida a pesar de su condición de asaltantes de los mares, pero dado que tenían una misión por cumplir no era posible mantenerlos a bordo o desviarse del rumbo y decidió abandonarlos a su suerte, castigo que usualmente se aplicaba en el mar a los rebeldes. De manera que, el cocinero, algunos piratas y yo, nos vimos juntos en uno de los lanchones, mientras que en la otra embarcación iba herido mi ex Capitán, al cual salvé con mi atinada asistencia, y nos separamos alejándonos con el sol poniente a popa, sin remos ni velas.

Por suerte se divisó tierra firme cuando ya las provisiones se habían agotado y el agua podrida dentro del barril expuesto al sol era imposible de beber. Entramos por la boca estrecha de una bahía bien resguardada que uno de los piratas conocía bien cuando afirmó:

–Estamos en Cuba –y luego a gritos repitió como loco– ¡Si, estamos a salvo, entramos en la Bahía de Nipe!

Al escuchar las palabras del marino vino a mi memoria el primer jefe que tuve pues era de esta zona oriental donde yo nací. Caramba, qué pequeño es el mundo. En mi condición de mudez no pude gritar mi alegría, pero sentí la mano agradecida del cocinero que me tocó y cerró sus ojos. Experimenté por él gratitud y compasión justificada. Él me había salvado, yo lo salvé.

Navegamos río arriba buscando la población luego que fuimos aconsejados por algunos pescadores que debíamos esperar la llenante de marea, y para facilitarnos la tarea nos prestaron dos canaletas. Atracamos casi al atardecer en el muelle situado en la confluencia del río caudaloso con un arroyo apacible, que llamaban Pontezuelo.

Y penetramos al pueblo donde conocí al leproso que tan pronto como me hizo suyo me perdió. Pero deseo contarles al detalle estos hechos porque aquí medio se enreda la historia, pues resulta que a los pocos días de pertenecerle le aconsejaron se consultara con la Espiritista más famosa de los contornos y por eso debíamos asistir a una sesión de brujería que aunque estaba penalizada por la Iglesia a él no le importaba y dijo asistiría sin falta, obligado a encontrar la cura de su enfermedad.

Al entrar en aquel bohío embrujado sentí que mi nuevo jefe se estremeció. Percibí un ambiente cargado, tétrico, con el aire viciado de olores fuertes que no logré precisar, y la luz era también peculiar, producida por las velas y el escaso sol que entraba por las rendijas que dejan las tablas de palma. Apenas mi señor ocupó su lugar en el reducido espacio la curandera clavó sus ojos conocedores sobre mí y le solicitó al amo que a cambio del remedio para la cura debía entregarme a ella. ¡OH, por toda la Creación! Nunca había tenido un jefe mujer y menos aún bruja, aunque me era familiar el ambiente.

Allí, sobre el altar, había collares de caracoles, de moneditas de plata y de flores silvestres. También había muchos objetos de variada creación y materiales. La curandera tomó uno de los collares y se lo colgó a mi jefe al cuello. Yo sentí coraje al ver aquello y fue por ese injusto gesto que no pude tolerarla ni sentir afecto por la que sería a partir de aquel día mi próximo amo. Sería el esclavo incondicional de una mujer santera.

Sin embargo de todas aquellas consultas espirituales de las que participé, entre frases en lenguas desconocidas que hablan los brujeros a los infelices que asisten para recibir alivio o curación de sus dolencias, el caso del buscador de tesoros es digno de recordar:

El buscador de tesoros se paró frente a mi dueña y fue directo al grano:

–Me han dado una botija llena de oro y quiero saber cómo sacarla –le dijo a ella.

–¿Tú etá teniendo mieo? –preguntó la voz del más allá que sale por la boca de la santera.

–Bueno...si. El miedo es condición de todos los humanos –contestó el hombre.

–¡Jejeje!...Tú va encontrá tesoro polque te lo doy... é tuyo. Tesoro tá entre do río y bajo tronco de mata grande de Ceiba... ¡Arrr! ¡Siaaa! ¿No ejasí?

–Pues si –respondió el hombre– En una ocasión intenté sacarlo con un amigo y a los dos nos dio fiebre por la noche y mucha picazón por todo el cuerpo.

–¡Jiaaá! –gritó la voz– Mira como toy erizao –y mostró los brazos con la piel como gallina– Tú va llevá contigo éte reguardo –y en eso me señaló a mí– Reguardo te compaña y cuida de mal. ¡Orrroop! Pero dice epíritu que tú no pué llevá arma ni tu acompaña tampoco, y que digan oración al reguardo antes de empezar la bucasón...

De nuevo a la aventura, y por inaudito que parezca iba acompañando a una pareja de buscadores de tesoros. Pero no me fue del todo mal cuando por fin anduve por los sitios que mi primer dueño recorría conmigo en sus cacerías de jutías para echarle a los ajiacos sabrosos, pues bien que huelen, sobre todo cuando le dejan caer a la mezcla de viandas con carne unas hojas de culantro recogidos en la orilla del río, y con algunos ajíes picantes que le dan el sabor final ideal al paladar, según dicen los que saborean el plato así preparado.

Los dos hombres que acompañaba decían ser amigos, sin embargo lo que sucedió aquella noche no lo confirma. Comenzaron a cavar en el lugar escogido después de realizar mediciones con un cordel y discutir quién tomaba el pico para iniciar la búsqueda. Aunque, luego de rezar la oración que rompe el hechizo haciendo posible la aparición del enterramiento, el hombre me alejó de ellos, sobre la piedra grande, a seis varas. Desde allí pude oír con claridad, ver sus acciones y discusiones. Abrieron tan profundo y ancho el hueco, sin encontrar siquiera un maravedí, que agobiados por el cansancio y sobre todo por la incredulidad comenzaron a discutir quién tenía la culpa de que el tesoro no apareciera.

–Eres tú el culpable –decía uno de ellos- Enséñame tus bolsillos.

–¿Para qué? –replicaba el otro– ¿Qué quieres saber?

–Quiero saber si vienes armado.

–Vengo armado... ¿Y tú?

–También yo.

¿Y si les cuento que fui testigo único de aquella porfía que acabó violentamente? Pues si, aunque parezca absurdo lo que vi, se agredieron salvajemente a puñetazos. Al rato, extenuados ya, cuando apenas si lograban sostenerse en pié, se separaron uno del otro en medio de la luz tenue del candil que ya estaba al apagarse y ambos sacaron sus bien ocultos revólveres a la vez. Yo escuché un solo estampido, que retumbó en el lomerío haciendo eco en sus laderas. Y vi caer a los dos a la vez dentro del hoyo del codiciado tesoro y sus cuerpos al desplomarse desprendieron los bordes de la tierra seca. Del borde brotó el oro que destelló con la escasa luz agonizante, escuché cómo al rodar algunas monedas sobre ellos produjo el sonido del metal precioso chocando con otro metal para entonces quedar todo en un silencio fúnebre. Y yo allí, con dos muertos sin reclamar ayuda hasta el amanecer. Al salir el sol y situarse en el mismo centro del cielo, algunas tiñosas comenzaron a revolotear sobre los cuerpos yacentes, mientras tanto yo era presa del pánico, impedido de actuar, de hablar, porque fui preparado para asistir a los vivos, nunca a los muertos.

No tuve noción del tiempo transcurrido presenciando con pavura e impotencia como las tiñosas carroñeras devoraban en una asquerosa comilona a los dos miserables ambiciosos buscadores de botijas. Fue la voz del campesino quien me sacó del letargo cuando expresó sorprendido:

–¡Alabao sea el Señor Jesucristo! –e hizo la señal de la cruz en su cuerpo mientras se acercarba al hueco que apestaba ya, ahuyentando las negras aves que agitaron sus alas en vuelo desordenado hacia los árboles circundantes, sin distanciarse mucho del banquete interrumpido.

Yo miraba al campesino sin poderle expresar mis emociones... Y entendió, cuando se percató de mi presencia. Antes de acercárseme extrajo de la excavación todas las monedas que pudo, echándolas en un saco de yute y retornó la tierra a su lugar, cerrando así la tumba de los dos ambiciosos que decían eran amigos pero yo vi se habían matado por su codicia...

–Seguramente fuiste testigo de esta tragedia –afirmó el campesino mirándome detenidamente mientras me tocaba con suavidad paternal, asombrado por las cuentas de piedra y huesos que me adornaban. No puedo llevarte conmigo porque me traerías mala suerte –me susurró, marchándose de prisa rumbo a las montañas.

Quedé solo nuevamente, ahora frente al túmulo carente de cruz. Y como en situaciones similares lo mejor era recordar tiempos pasados, pues me dediqué a pensar otra vez en el cocinero pirata y cuando llegamos al pueblo a través del río

Y aquel día navegamos por el río, atracamos al muelle y subimos la pequeña lomita empedrada, adentrándonos en una zona llena de negocios distintos, todos ellos atendidos con tesón, en una calle nombrada "de la Marina". Para cuando llegó la noche ya teníamos dónde pasarla y se descansó de los días azarosos a la deriva, hasta que nuevamente vimos salir el sol.

En la mañana cada cual trató de disimular su origen buscando una nueva vida o retornando al mar de aventuras. El cocinero fue contratado de inmediato en la Posada de La Aurora, a pocos metros del río por donde llegaban a menudo los barcos cargados de mercancías y pasajeros. Yo no pude servir ni de ayudante, por mi facha, y para no dilatarles la historia fui vendido por el desagradecido cocinero a un señor rico quien dijo necesitarme porque no deseaba andar solitario y le informaron que yo era el bálsamo de su mal. El nuevo Jefe resultaría el acaudalado leproso, y ahí se empata la historia.

Entonces aquí estoy, nuevamente sobre la piedra frente a la tumba de los dos desdichados. Y me viene a la mente el primer jefe que tuve. De todos los jefes a los que dediqué mi vida, el más bueno, y en verdad lo digo, el de mayor fe en mí y en los Dioses que sirvo. Fue al que descabezaron en aquella batalla desigual de hombres barbudos montados a caballo combatiendo contra él y su grupo de indios desnudos sin otras armas que las flechas inútiles contra las armaduras protectoras y sus macanas de piedra y palo, tan rústicas para enfrentarse a un enemigo mejor equipado.

Pero me place recordar los días dedicados a mi hechura, cuando iba tallando piedras de variados colores del río, con huesos de jutía, con vértebras de pescados, así como también de majá. Al final de muchas horas de labor concluyó radiante de alegría su obra y surgí yo, el *Collar del Jefe*, el Collar del Guaní.

He colgado en tantos cuellos de hombres distintos a los que tengo que agradecer mi aprendizaje y la fe depositada en mí. Fe en mis poderes mágicos para apartar a Mabuya, el fantasma aterrador; atraer a Kí, el espíritu de la tierra; impedir que Boya, el espíritu maligno los posea; evitar que los Anki, o personas malvadas los hieran; y estar atento de los Akani o enemigos. Pero cuando le llegó Bara, la muerte, a mi primer y único jefe, a mi creador, no pude impedirlo y por eso fui castigado como Baracutey, a deambular solitario, hasta que Yaya, el gran espíritu creador me acoja como su Yayael o hijo preferido y cese mi andar por la tierra ocupándome de los creyentes. Ahora estoy sobre esta piedra gorda, enorme y pesada, en espera de mi siguiente Jefe y hacer que me luzca en su cuello como el mejor collar de cuentas de piedras y huesos, con poco o ningún atractivo para servirle de amuleto en su conducción por el ajetreado mundo de los mortales.

Luis René Serrano

Luis René Serrano, nació en Cuba, en la provincia de Camagüey, donde recibió sus primeras lecciones de música.

En 1967, junto a su familia, emigró a los Estados Unidos donde, joven aún, continuó sus estudios. Fiel amante de las artes: la pintura, la poesía, entre otras, es músico de profesión.

Estudió Bell Canto, teoría de la música y composición. Su dominio de varios instrumentos le facilitó su afiliación a diferentes grupos musicales entre ellos *The Miami Latin Boys*, 1973 «convertido más tarde en *The Miami Sound Machine*», como bajista, compositor y cantante.

Hoy cuenta con su propia orquesta. Tiene su propia discografía con un amplio repertorio en varios idiomas.

Es miembro del "Club de Literatura" de Francisca Argüelles, donde aparece en las antologías: *Un Horizonte Literario* (2010) y *Navegante de palabras* (2012). Editados por D'har Services.

Además, ha publicado su primera obra literaria "*Las Aventuras de René Galán*" (2013).

Francisca Argüelles, Directora del "Club de Literatura" y a todos mis compañeros, les agradezco el apoyo que me han brindado durante años, cada vez que presento mi arte en pintura, obras musicales, poemas y prosas literarias.

EL IMPERIAL

Alfredo se levantó temprano y como siempre, después de afeitarse y vestirse se dirigió a la cocina, donde su esposa Eulalia lo esperaba con un delicioso desayuno.

–Buenos días, mi amor –dijo la amante esposa, quien a pesar de encontrarse recién levantada lucía muy bien en su floreada bata de casa.

–Buenos días –respondió Alfredo, prestando más atención al desayuno que a su mujer.

Ambos se sentaron a la mesa a conversar mientras desayunaban, y como de costumbre el tema fue la economía. Alfredo se quejaba de que no le alcanzaba el dinero, que se mataba trabajando para pagar las cuentas, y que si ella no conseguía un trabajo pronto, irían a la bancarrota. La respuesta de Eulalia no se hacía esperar:

–Sabes bien que he llenado mil solicitudes de empleo y que cada día después de dejar los niños en la escuela paso a averiguar si me necesitan en algún lugar. No puedo hacer más. Quizá me llamen pronto.

Alfredo no le respondió, le dio un beso y se fue a la agencia de automóviles, donde trabajaba como asistente del gerente. Al llegar puso en orden los papeles y trabajó por unas tres horas, hasta que a eso de las once y treinta sonó su celular. Era la cálida y sensual voz de Claudia que, entre otras cosas, confirmaba:

–A las doce donde siempre.

Él, con una sonrisa libidinosa, contestó:

–Por supuesto *Baby*.

Al poco rato, en su horario de almuerzo, llegó a El Imperial, un lujoso motel situado a pocas cuadras de la agencia.

Pagó en la carpeta con un billete de cien que llevaba en el bolsillo, prendido a un hermoso pasador de plata con sus iniciales, regalo su esposa en un aniversario. Fueron ochenta y tres dólares con los impuestos. Entonces, airoso le dijo al encargado: «Súbeme una botella de vino tinto, con dos copas, y quédate con el vuelto», y subió a la habitación donde casi todas las semanas se veía con Claudia. Una vez más hicieron el amor rápida y apasionadamente. Luego, ambos regresaron a sus trabajos, Alfredo muy satisfecho de su actuación como amante, y, también, por el hecho de que esa tarde había buena clientela en la agencia.

Serían las siete de la noche cuando volvió a casa, algo más tarde de lo habitual. Notó que su esposa no estaba, y pensó que quizá había ido de compras con los muchachos. Tranquilamente se sirvió un *whisky* antes de darse una ducha y cenar, asumiendo que Eulalia traería comida, como hacía habitualmente. Terminó el trago y al entrar al dormitorio notó una hoja de papel sobre la bien tendida cama. Agarró la hoja algo nervioso y leyó:

«Me llamaron para un trabajo en uno de los lugares donde había llenado una solicitud. No era gran cosa, pero acepté para poder cooperar con nuestra economía. Es de auxiliar de limpieza en El Imperial... El pasador te lo puse en tu joyero. Estoy en casa de mami con los niños. No me llames. El abogado te contactará mañana». Eulalia.

POBRE MAESTRO

Julián, profesor de una escuela superior, era un hombre muy correcto y honesto, casado y con tres hijos varones que, junto a su esposa Clara, luchaba arduamente para sobrevivir a la tremenda crisis económica que atravesaba el país. Era el año 2015 y las cosas iban de mal en peor. Estaban en peligro de perder su casa, pues debido a los múltiples gastos y cuentas que tenían, hacía ya cinco meses que no pagaban la hipoteca.

Una tarde, al llegar del trabajo, Julián observó dulcemente a su esposa mientras preparaba la cena. Ésta se dio la vuelta y notó en sus ojos aquel tonillo que le era familiar. Él, abrazándola, le recordó que llevaban un mes sin hacer el amor. Ambos estaban excitados, por lo que se fueron a la recámara y se entregaron apasionadamente al único acto que les quitaba un poco el estrés. Sin embargo, esta vez sucedió algo inesperado. Al terminar, Julián sintió que su corazón latía como si se le fuera a salir del pecho, que paraba y de nuevo latía de forma irregular por unos instantes, con más fuerzas todavía. Recordó haber sentido algo similar en otras ocasiones, pero nunca con tal intensidad. Era una combinación de taquicardias con arritmia. Se asustó mucho. Clara trató de tranquilizarlo:

–No te preocupes, mi amor, llamaré al *rescue*.

–¡No! Espera –respondió él–. Ya está pasando. Mañana descanso e iré a ver a mi amigo el Dr. López. Él me atenderá sin turno.

López lo recibió y después de reconocerlo lo refirió al cardiólogo. Durante la semana volvió a tener pequeños episodios de lo mismo. Seguía muy asustado. Al fin llegó el día de su cita con el especialista. Llenó los papeles de rutina y pasó a la sala de reconocimiento, donde lo esperaba el Dr. Smith, cardiólogo de gran reputación, quien lo conectó a varios monitores electrónicos y lo puso a caminar en una estera. Julián, sintió entonces que volvía el problema, por lo que paró y se lo comunicó al médico, que casi sin pensar le dijo: «Usted tiene fibrilación arterial. No tema, hay un procedimiento muy efectivo que usualmente corrige el problema: consiste en cauterizar ciertos terminales nerviosos en el lado superior del ventrículo izquierdo. Es invasivo, pero lo voy a referir a un colega mío que ha hecho más de mil casos con un éxito de un 98%».

Julián escuchó atento la explicación, tomó el referido e hizo la cita. Tenía que resolver el problema, pues no quería vivir con miedo a peores consecuencias.

Llegó el día de la operación, la enfermera jefa del departamento ambulatorio del hospital le dio a firmar unos papeles. Julián estaba tan nervioso que ni los leyó. El procedimiento fue exitoso. La opinión del cirujano, muy favorable. Sólo tendría que tomar un medicamento por tres meses y estaría bien.

Al día siguiente, mientras leía el periódico, notó que tenía un circulito rojo en el interior de su antebrazo derecho, y en el centro del mismo algo parecido a una picada de insecto. «Que raro...», pensó. «Llamaré al hospital a ver si alguien me explica».

Después de una larga espera logró hablar con la enfermera que lo había atendido el día anterior, quien le dijo:

–No se preocupe, míster Jackson, es sólo un microchip. Usted firmó el documento autorizando que se le pusiera. Es importante que lo tenga. Ahí está toda su información personal y médica. En caso de una emergencia será más fácil identificarlo y atenderlo.

–¡Pero yo no quiero eso...! –respondió Julián indignado.

–No se altere, podría hacerle daño, en este momento su condición todavía es delicada.

Julián hizo un esfuerzo supremo por tranquilizarse, pero no se dio por vencido e insistió en hablar con el supervisor general de cirugía. Se escuchó entonces una voz grave y pausada. Era el Dr. Watkins, un afroamericano de mediana edad quien, además de un gran médico, era muy entendido en materias legales. Éste le dijo casi con ternura:

–Julián, usted firmó los papeles autorizando le colocaran el microchip. Éste se encuentra a medio centímetro de profundidad bajo su dermis. El procedimiento para removerlo cuenta 3, 500 dólares y no lo cubre el seguro puesto que usted lo autorizó y ahora ha cambiado de opinión. Si desea quitárselo, entre los papeles que le entregaron hay un sobre que explica todo con claridad. Gracias y buen día.

Julián, indignado buscó el mencionado sobre, leyó parte, se detuvo y pensó: «De dónde diablos saco yo 3, 500 dólares para sacar esta porquería de mi cuerpo». Luego continuó leyendo. Al final, vio un número parecido al de las cuentas de tarjetas de crédito, que tanto lo agobiaban: 843-9722-5911-666.

Loly Triana

Loly Triana, nació en la ciudad de Morón, entonces provincia de Camagüey, Cuba, un día domingo del mes de julio de 1948. Su padre fue obrero y su madre maestra de primaria y más tarde, graduada de Filosofía y Letras en la Universidad de La Habana, por estudios libres, por lo que creció en un hogar donde el estudio, la lectura y la práctica religiosa, de la denominación Episcopal, eran el centro de actividades. En el colegio Episcopal "La Trinidad" estudió la primaria elemental hasta terminar séptimo grado en 1961, año en que fueron intervenidos los colegios privados.

La Segunda enseñanza media, octavo y noveno grados, los cursó en la escuela pública "Salvador Cisneros" y el Pre Universitario en el Instituto de Morón, "José A. Echeverría".

Desde su adolescencia se inclinó a estudiar la carrera de Arquitectura, después de graduada ejerció su profesión en empresas estatales durante 26 años; posteriormente trabajó para una firma extranjera durante 4 años.

Siempre le gustó escribir, las clases de composición literaria le fascinaban. En el pre universitario comenzó a escribir sus primeras poesías.

Escribió textos técnicos y científicos, en algunos casos ayudó a sus compañeros de trabajo en redacción, como correctora de estilo.

Después de jubilada incursionó en diversos temas: críticas político-sociales, cine, novelas, relatos y meditaciones religiosas.

En marzo del 2013, comenzó a escribir nuevamente.

Le gusta participar en los diferentes concursos de poesía.

A mis padres que con ternura me disciplinaron en el hábito y el amor a la lectura, creando en mí la inclinación a escribir, alentándome a ello.

ALBA

La locomotora comenzó a aminorar velocidad. El hombre canoso, ya anciano, contempla por la ventanilla las primeras casas del pueblo en el que próximamente harán parada, la penúltima.

En el andén espera un grupo de personas para arribar al tren que los llevará, como a él, al final de su viaje. Ensimismado como va en sus pensamientos no se percata de que alguien se ha parado a su lado en el pasillo. Ya no quedan asientos libres.

Levanta la vista. Es una mujer de mediana edad, que carga un gran bulto envuelto con esmero. Tiene el aspecto de una modista, –le encanta adivinar oficios– seguramente trabaja en un taller y se dirige a hacer una entrega, piensa. Es usual que las propias costureras lleven las prendas a las clientas.

Se levanta para ofrecerle el asiento a la dama, haciendo alarde de una juventud que ha quedado atrás. Ella se niega dándose cuenta de su avanzada edad y le extiende el envoltorio a la vez que dice –¿Sabe? tengo que cuidarlo.

El coloso de hierro arrastrando sus vagones reanuda la marcha.

De pronto un golpe seco a su lado hace que el hombre vuelva la cabeza. La mujer ha caído al piso. Los demás pasajeros acuden para ayudarla. Llaman a la ferromosa. Ésta al enfermero que atiende primeros auxilios. El anciano, ahora de pie, se ha quedado sosteniendo el paquete que le fue dado a cuidar. La reclinan en un asiento. No reacciona. El enfermero pone mala cara.

No hay nada que hacer, ha muerto. Todos se miran consternados. Alguien se acerca y la reconoce. Ya el tren llega a la estación. Bajan el cuerpo, la persona que dijo conocerla da la información acerca de la mujer: el nombre, dónde vive y trabaja, luego se marcha. El anciano no sabe qué hacer. Sostiene el paquete tan preciado para la modista. Lo mira. Tal vez tenga la dirección a la que hay que llevarlo. Este pueblo es pequeño –lo entregaré y explicaré lo sucedido– dice para sí. No hay señas en el papel que lo envuelve. Quizás dentro. Se sienta en un banco. Lo desenvuelve con cuidado. Contiene un vestido blanco, de tela vaporosa y delicada. Parece un vestido de quince o de novia. No ve. Decide sacarlo por completo. Efectivamente, es un precioso traje de novia, y tiene una tarjeta prendida en el escote. Dice un nombre de mujer con los apellidos.

El anciano después de encontrar el nombre de la destinataria del vestido busca un teléfono. Comunica con la operadora de la central y le explica lo que le pasa, agregando el nombre de la mujer a quien va dirigido... "Si, es la hija de... que se casa hoy, en la tarde, le daré su dirección"...Responde la telefonista.

El hombre toma un coche. Se dirige al lugar. Una casa alta de ladrillos y tejas lo espera.

Baja del vehículo y se dirige a la puerta. Da unos golpes. Se oye una voz,

–En seguida...lo esperábamos. De la central avisaron. ¡Qué cosa tan terrible! La niña se casa esta tarde, figúrese, qué ajetreo.

La casa está engalanada para la boda. La mesa en la saleta tiene puesto un fino mantel de encaje de chantilly de color blanco.

Sentada en una comadrita junto a la puerta que va hacia el patio interior una señora de avanzada edad hace ganchillo.

Él, la observa indiscretamente. Le recuerda una escena anterior semejante. Entonces la tejedora era una joven. El hecho rememorado se situaba en una casa similar al otro lado del país, hace más de cincuenta años.

Lo mandan a pasar. Accede ante la insistencia. La señora de la comadrita, deja su tejido en el costurero y se acerca para saludarlo.

Lo mira con unos ojos azules, casi transparentes, que lo electrizan. Le hacen evocar los de aquella joven, que hacía ganchillo también, que cincuenta años atrás lo esperaba tarde tras tarde para entregarle su amor recibiendo el suyo. Su novia, la bella Alba, que parecía un sol en el amanecer con sus cabellos dorados, su sonrisa amplia y sus ojos cristalinos, llenos de dulzura y picardía a la vez.

En la pared, un almanaque le recordó la fecha. Cincuenta años atrás, un día como ese, debió de llegar a aquella otra casa. A otro lugar con un envoltorio en el que portaba un vestido para su novia. Para su boda. No lo había mirado, por si la mala suerte...

Viajó hacia el pueblo desde la ciudad. Nunca llegó. Circunstancias fatales hicieron que por una confusión lo detuviera la policía. Impedido de llegar a tiempo quiso dar un aviso. No se lo permitieron: estaba incomunicado.

Tres meses estuvo retenido. Todo se aclaró y lo pusieron en libertad.

Se trasladó rápidamente al pueblo de su prometida.

Se dirigió a la casa. Eran personas inteligentes. Comprenderían. Estaba cerrada a cal y canto. Tocó en casa del vecino. A regañadientes lo atendieron. Ellos habían partido un mes después de la desgraciada fecha. Se comentó que habían salido del país. Que posiblemente no regresarían. No le dijeron nada más.

Todos esos recuerdos vinieron a su mente de golpe al ver los ojos de esa señora, tan iguales a los de su Alba.

Respondió al saludo de la anciana y agregó –se casa su nieta.

–Ño es mi nieta, es mi sobrina. Yo no tengo hijos, nunca me casé. Mi novio me abandonó el mismo día de la boda. Nunca volví a enamorarme.

Un escalofrío recorrió su piel.

La señora prosiguió locuaz, –es la hija de mi hermano menor al que le llevo veinte años. Fue casi mi hijo. Quizá también por eso renuncié al matrimonio. Me refugié en su cariño.

El hombre tosió, las lágrimas querían subir a sus ojos. Tenía que controlarse. Jamás pensó en este encuentro. Era ella, Alba, su amanecer. Una luz en el ocaso de la vida. Allá en los confines del mundo, en un lugar opuesto completamente al sitio donde se conocieron y se amaron.

Estaba emocionado. Pensó que si no se sosegaba la abrazaría y le diría: ¡Alba, Alba, mi amor! ¡Mi gran amor!

Apretó los labios para contenerse. Más sereno preguntó:

– ¿Su nombre es?

–Alda– dijo la mujer. Pensó que había oído mal.

–¿Cómo dijo?

–El nombre de mi sobrina es Alda. Respondió la mujer.

El anciano sonrió, –¿ Y el suyo?

Se oyó una voz llamando desde el fondo de la casa.

–¡María Luisa!

La anciana levantó la cabeza y dijo –ya voy, ya voy, estoy atendiendo al caballero.

ELISEO

Eliseo era un negro muy negro, de aquellos que calificamos de azul, alto y de fuerte complexión. Fue nuestro vecino en Laguna Blanca, la pequeña ciudad donde vivíamos. Me explico:

Frente a mi casa existía un solar yermo. Ahí vivía Eliseo, a la intemperie. Desde el portal de la casa contemplábamos su forma de vida, y la de otros que convivían con él. Todos ellos practicaban el deporte del *"high ball"*: tomaban alcohol de bodega, aguardiente del peor, *alcolifán, warfarina*... Muchos de los que pasaban por la calle al frente de mi casa, sobre todo en bicicleta, les gritaban: "¡*Alcolite, Warfarina, Ace,* Palmolive!" Pero Eliseo se caracterizaba por no ser igual que sus convivientes: solamente vivía ahí en *tiempo muerto*. Durante la zafra era cortador de caña, hacía su dinerito y luego se lo gastaba en el consumo de alcohol, su adicción, sabe Dios qué había detrás de ese vicio. Era lo único que le importaba en la vida, digamos que su motivación, para eso trabajaba.

Tanto Eliseo como sus cohabitantes tenían por cama, cartones de cajas desechadas por los bodegueros; y por techo, el cielo, las estrellas y la luna, cuando era noche clara. En el invierno o en el frescor de la madrugada se cubrían con periódicos.

Al atardecer, en muchas ocasiones, el negro, imponente por su color y complexión física, se acercaba a mi casa. Esta tenía una baranda a todo su ancho, limitando su acceso al portal. Invariablemente, antes de la hora de la comida, mi padre acostumbraba a sentarse allí, en su cómodo sillón de madera y pajilla. Yo jugaba a su alrededor. Cuando Eliseo llegaba a conversar con papá, todavía no estaba borracho. Yo corría en cuanto él llegaba y se paraba del lado de afuera, se apoyaba a la baranda con los brazos cruzados, y comenzaba lo mejor: sus historias.

A mí me fascinaba oírlo. Coherente sacaba sus palabras y contaba esos relatos. Explicaba como en las noches, en tiempo de zafra, se reunían alrededor de una fogata, con el fin de espantar mosquitos, y cada uno o, mejor dicho, los que tenían el don de la palabra como él, cautivaban con distintas narraciones. Recuerdo una de ellas, porque me ayudó a vencer el miedo.

Contaba que una madrugada, en que salió más temprano de costumbre hacia el cañaveral, ya que no podía conciliar el sueño, al salir a la guardarraya encontró a su derecha, al borde del camino, un hombre alto, inmóvil. A pesar de su fortaleza sintió miedo, el "aparecido" lo amedrentó. Se quedó paralizado. No se atrevía a pasar por el lado de esa especie de monstruo, pero tampoco a regresar al campamento dándole la espalda. Decidió quedarse ahí, mirándolo a los ojos, en espera de que lo atacara –si esa era su intención– o que amaneciera y comenzaran a llegar las carretas y guarandingas, cargadas con el resto de los trabajadores, quienes lo auxiliarían.

Poco a poco comenzó a amanecer. El sol clareaba a su izquierda lo que lo ayudaba a distinguir los contornos de aquel ser extraño que, como él, había permanecido inmóvil por más de una hora. La aurora con sus colores rosados, dorados y azules, cada vez más le permitía distinguir los rasgos de la figura. Aclaró lo suficiente para reconocer al monstruo, al aparecido que le había impedido el paso. Cuál no sería su sorpresa ante lo que descubrió. Comenzó a reírse, era una risa descontrolada, nerviosa. Lo que tenía ante él no era otra cosa que una mata de plátano.

Con este tipo de historias, propias o de otros, Eliseo amenizaba nuestros atardeceres.

Pasaron los años. Cuando contaba con diez y seis meses triunfó la Revolución. El nuevo gobierno llegó hablando de exterminar el marabú –todavía lo está diciendo–, de poner a producir las tierras improductivas –igual siguen con el tema–, que no habría tiempo muerto; que todos tendrían trabajo asegurado el año entero; y la recogida de mendigos... Me preocupó Eliseo. Qué sería de él; para dónde lo obligarían a ir. No era un viejo como para encerrarlo en un asilo, ni hombre de estar asentado en una casa. Si sólo sabía cortar caña, tomar alcohol y relatar historias, a dónde iría a parar. Dónde la situarían los cupones de compra; a qué CDR lo asignarían...

Al tiempo, no vi más a Eliseo. No nos visitó más ni escuchamos sus relatos ni supimos su paradero. Concluí que a él también lo *siquitrilló* la Revolución, porque le intervino lo que tenía, lo que amaba: la zafra con su tiempo muerto; su hábitat, donde podía contemplar las estrellas y contarlas; sus relatos; sus convivientes y su alcohol. No apruebo su modo de vida, pero era suyo. Nadie conversó con él para transformarlo. Lo obligaron a cambiar. No le dieron opciones. Perdió lo más preciado del ser humano: la libertad.

Maritza Trujillo

Maritza Trujillo, cubano americana, reside en Miami Florida.

Estudió Ingeniería Química en la Universidad de Oriente, Cuba.

Pertenece al "Club de Literatura" de Francisca Argüelles.

Es miembro de la organización Arte Milenio, dirigido por el periodista Enrique de Miranda.

Y de los Encuentros Literarios Internacionales Luz del Corazón ELILUC.

En su vida de estudiante, recibió en Cuba un premio, por un artículo acerca de la vida política de José Martí.

A mi hijo, que siempre me anima a escribir.

A Sra. Francisca Argüelles, fundadora y directora del "Club de Literatura", gracias por su acogida y consejos.

A todos los miembros del Club.

LOS RECUERDOS

Sentada en un pequeño banco de la terraza de la casa principal, observaba atentamente como la abuela extendía la masa de la catibía para hornear el casabe que acompañaría al lechón asado del día de Nochebuena.

Ya el Burén estaba a punto. Previamente, se había prendido la leña que estaba en su interior, por lo que a la gente menuda no les permitían acercarse por temor a quemaduras.

Este horno o Burén, construido de barro y cujes, era grande, medía un poco más de una vara de altura, tenía forma rectangular, y en su parte superior habían tres círculos, donde se moldearía el casabe. Estaba enclavado en la llamada "casa de hornear", que era un techo de guano montado en cuatro horcones para sostenerlo, sin paredes, alejado de la casa grande.

La abuela alzó la vista, se encontró con la mía, sonrió y siguió afanosa en su tarea.

Ya en la noche, una vez terminado su trabajo cotidiano, después de cenar, la abuela María se sentó en un taburete que había recostado en una columna de la terraza, encendió un cigarrillo "Partagás" y fumó silenciosa con la mirada fija en el firmamento tachonado de estrellas.

–Abuelita, dame una cachadita.

Así le dijo uno de los nietos que estaban sentados a los pies de la anciana.

Ella le acercó el cigarrillo a la boca del niño, que le sacó un poco de humo exclamando:

–¡Ya se fumar!

Ella sonrió y dijo:

–Fumarás cuando seas mayor, ahora eres muy pequeño, y no sabes cómo hacerlo.

Llamé su atención pidiéndole:

–Abuelita, cuéntanos algo que recuerdes de la Guerra de los Mambises.

Ella se acomodó en el asiento, arrojó la colilla fuera de la terraza, respiró hondo y comenzó el relato:

–"No puedo decir mucho porque sólo tenía 6 años cuando empezó la Guerra de Independencia; pero sí recuerdo cuando mis padres me dejaron al cuidado de mi madrina Chela, donde estaría más segura, y ellos se adentraron en la manigua".

"Una tarde, después de un aguacero torrencial, salí de la casa descalza, a chapalear en los charcos que se habían formado en la calle, y así olvidar por un rato como se me retorcían las tripas del hambre. Ese día, no habíamos comido nada, solo agua de azúcar parda y café. A mi madrina se le había acabado el dinero que mis padres le dejaron pues habían calculado, como todos los patriotas, que esta vez la guerra duraría poco.

Chela era costurera y también lavaba ropa a domicilio a cambio de algunas monedas; pero hasta ese trabajo escaseaba en aquellos tiempos, y hacía dos días que no teníamos ni un pedazo de vianda en la casa.

–De repente, entre charcos y saltos, vi que algo redondo brillaba en el agua. Me incliné y recogí lo que resultó ser una moneda de oro, no se si era de cinco o veinte pesos.

Corriendo, volví a la casa y llamé: !Chela, mira lo que me encontré!

Ella tomó la moneda en sus manos, la limpió con el borde de la manga de su chaqueta, y asombrada me dijo:

–Quédate aquí, báñate y espérame, que hoy comeremos.

Ese dinero nos duró dos meses, al cabo de los cuales recibimos ayuda de mis padres que enviaron un propio con vituallas, carne salada, casabe y arroz, que habían "tomado" de un cargamento español".

Mientras hablaba, noté un brillo especial en sus cansados ojos. Se levantó del taburete diciendo:

–Basta de cuentos que es hora de dormir.

Se alejó con paso lento, cabizbaja, la espalda medio encorvada por el peso de los años y los recuerdos.

EL COLOR DEL TIEMPO

Toda su vida, y sus vivencias personales se asociaron a sus colores favoritos.

Su niñez estuvo llena de recuerdos felices. Corría por la pradera, gozando de una brisa suave y refrescante. Tumbado a la sombra de un árbol, tomaba una corta siesta antes de seguir hacia la cabaña donde vivía con sus padres para comer algo y regresar a la escuela. Ésta quedaba lejos, en el pueblo.

Le gustaba estudiar. Con sacrificios fue a la Secundaria y luego a la Universidad.

Ya convertido en un apuesto joven, Carlos se casó tuvo dos hijos y era muy feliz con su familia.

De vez en cuando volvía a la casa paterna, sin dejar de pasar por su lugar preferido: el árbol de la pradera.

Ese fue su tiempo Azul.

Llegó la guerra. El país sufrió la invasión del enemigo. Todos los hombres mayores de 16 años, fueron al campo de batalla.

Las ciudades quedaron casi desiertas. Las mujeres y los niños se aventuraban a salir, para buscar víveres y acto seguido, se encerraban en sus casas, por temor a los depredadores y delincuentes que asaltaban para robar lo que encontraran.

Carlos, no tenía tiempo para pensar en su familia. Luchaba por la supervivencia en el fragor de la lucha y los ataques sorpresivos. Parecía una jauría humana contra otra, desgarrando y matando.

Supo que su pueblo, donde vivían su esposa e hijos, así como sus padres, había sido devastado por los bombardeos. No hubo sobrevivientes.

Ese fue su tiempo Rojo.

La guerra terminó, y en un impulso regresó donde había sido su hogar. Sentado en la cima de la colina que dominaba el pueblo observaba las humeantes ruinas.

Cerró los ojos y recordó sus seres queridos. Le dolía el pecho y no podía respirar.

Se levantó y se dirigió hasta el cementerio. No reconocía las calles. Un perro, hecho un costal de huesos, husmeaba buscando algo que comer. Lo apartó de una patada. Luego tuvo lástima y vergüenza de sí mismo, y abandonó el lugar, sin rumbo alguno.

Ese fue su tiempo Negro.

Un día, sin darse cuenta encontró la paz. La paz del camposanto.

Ese es su tiempo Blanco. Eterno.

JORINGUE

Con los ojos cerrados, Candita, la médium cabecera, empezó a recitar de memoria las oraciones preliminares a una sesión espiritista. Agarró el vaso de agua que estaba encima de una mesa, y salpicó el manojo de rompesaraguey y albahaca que tenía en la otra mano. Luego, dio ramajazos a todos los presentes que, en pie, cogidos de las manos, formaban un círculo.

De repente, todos empezaron a cantar: "olilé, olilá olilée oliláa, al mismo tiempo que se movían rítmicamente. Bailaban el llamado "cordón".

–¡Síganlo, síganlo! Decía la médium. –¡No lo rompan!

Una mujer cayó redonda al suelo, con los ojos en blanco y echando espuma por la boca. Candita la tomó de las manos, la levantó y santiguó. Había pasado un espíritu. Ella se calmó y siguió bailando el cordón.

Era una reunión de "limpieza". La dueña de la casa había solicitado la asistencia de sus hermanos en creencias, porque necesitaba "desenvolvimiento" para su casa y sus espíritus protectores.

A la grey infantil, hijos de algunos de los médiums, no les permitían entrar al cordón; pero curiosos, con los ojos abiertos como platos, se agolpaban en la puerta, observando sin perder detalle todo este ritual.

Los médiums continuaron "pasando" espíritus. Todo duró más de una hora. Antes de "cerrar" la sesión, llamaron a los menores, que no se atrevían a pestañear aterrados, con sus corazones desbocados, para ser santiguados.

Por fin, todos se despidieron y se fueron a sus respectivos domicilios.

Al llegar a su casa, Candita urgió a su hija:

–Mariela ¡Recuerda que hoy es domingo!

–Corre a bañarte, que llegarás tarde al Catecismo.

Priscila Suárez

Priscila Suárez nació en Fundación, Magdalena, Colombia. Inició sus estudios en el colegio La Sagrada Familia y terminó la secundaria en el Liceo Colombiano de Comercio, en Barranquilla, Colombia.

Recibió un diploma en decoración y microempresas. Validación de High School en Miami Springs Senior High en Florida. Título de Hotelería y Turismo en New World Institute, en Miami, FL. Cursó estudios en Miami Dade College, de narrativa literaria.

Es miembro activo del Club Cultural de Miami "Atenea" donde recibió talleres de poesía, cuento y novela ofrecidos por el profesor Orestes A. Pérez.

Participa en el "Club de Literatura" de Francisca Argüelles y formó parte de la antología "Navegantes de palabras" 2012

Participó en el IV Concurso International de Poesías en el 2006 en Lincoln-Martí; Donde recibió diploma de honor con la poesía titulada "Quise Olvidar Tu Nombre". Pertenece al Colegio Nacional de Periodistas de Cuba en el exilio, CNP.

Utiliza un lenguaje sencillo y ameno para el disfrute de todas las edades. Su fe y devoción al Dios Todopoderoso es muy importante para ella.

A mis hermanos; Raúl, Dora, y Gloria de la Cruz.

Con cariño a mis amigos; los hermanos Lubo Zuñiga, Jorge Morón, Francisco Hormaza Meza y Sebastián Tejeda.

Y un grato recuerdo a mis amigas; Edith Medina, Eneida Beleño y Georgina Ortega.

A mi amada abuela Gertrudis Cantillo, y a mi hermano Dr. Orlando de la Cruz, que descansan en paz.

A todas las familias que se unieron en oración.
Que el todo poderoso bendiga a nuestro amado pueblo "Fundación".

Con mucho amor, Priscila de la Cruz.

2002

Año en que pude regresar a mi pueblo, mi terruño.
En silenciosa ronda llegaron los bellos recuerdos de mi infancia.
Horas sin nombre donde vuelan las fantasías, y la mente escapa queriendo atrapar el suspiro de un ser amado.

REENCUENTRO

Nunca, nunca te olvidaré, como un sello en mi corazón, aunque lejos estás conmigo. Cuando caí en tus brazos vi la luz por vez primera. Fue un mes de agosto, más no recuerdo si era verano o primavera. Estabas ahí luciendo tus mejores galas, no sé si por la fecha para ti especial, o te engalanaste, esperando mi llegada. En tus brazos me fui quedando tiernamente adormitada. Llegué a amarte tanto, tanto, que sentí celos de todos y de todo lo que te rodeaba.

Celos del río que con sus aguas frescas, tu cuerpo bañaba. Celos de las estrellas que noche a noche contigo jugueteaban. Celos del sol cuando sus rayos desgarraban las nubes, para envolverte en un abrazo prolongado; y todo su calor en tu cuerpo se quedaba. Pero casi nunca se cumple lo deseado, era casi una niña y me arrancaron de tu lado. Más, mis raíces contigo se quedaron.

El tiempo pasa inexorable; la vida sigue su curso. ¡Oh Dios! Hoy será nuestro reencuentro. Imposible contener el impulso de llorar, pero de felicidad. Las veces que intenté llegar a ti, la idea me quitaron, diciendo que no eres el mismo, hasta de peligroso te acusaron. ¿Será la emoción que turba y trastorna mis sentidos, haciéndome ver visiones extrañas? No, no son visiones, te tienen custodiado: tropas del ejército, hombres fuertemente armados, tanques de guerra y hasta helicópteros sobrevolando. Como irritadas abejas siento en mi pecho un ardor.

Amigos de mi infancia, con inmensa alegría, una bienvenida me están dando. Sus rostros veo felices; por nuestro encuentro después de muchos años. Pero en sus ojos veo tristeza y en sus labios, quizás, el deseo de dejar escapar un grito de dolor involuntario. No veo niños corriendo libremente. No veo las comadres en las esquinas hablando. No adornan las calles y la plaza, las muchachas risueñas, inocentes y coquetas, cual mariposas juguetonas que de los chicos se escapan. No veo los abuelos sentados en taburetes recostados en los dinteles de las puertas, contándoles a sus nietos aquellas aventuras hermosas de su juventud o de misterios que nos dejaban con la boca entre abierta. No veo rostros regocijantes de alegría ni el ir y venir de camiones, buses y trenes, ese tren que su pito lejano avisaba su llegada, unas veces llenas de esperanza, para alguien que quería encontrar aquí el calor y abrigo que tú le brindabas.

Tú, mi pueblo querido, eras el punto de encuentros y partidas. "El pequeño New York", alguien te apodó un día, por tu labor constante y el incontable río de gente que aquí acudía.

No veo los que un día con labor y tesón amasaron una fortuna; los hicieron salir obligados por no seguir pagando sus "vacunas". No veo los que sacrificaron su juventud por conseguir lo necesario para dejarles a sus hijos un legado. ¡Los pocos que quedaron, los admiro! Han sido fieles, dispuestos a morir contigo; la noche va cerrando, el sol hasta temprano se oculta. La luna parece esconderse entre las nubes. Las estrellas no bajan a jugar contigo, temen ser secuestradas, el mismo temor que sentimos tus hijos.

El río ya no baña tu cuerpo como antaño. Es otro río, un río de mentiras, dolor y desengaño. En tus calles no hay olor a jazmín ni de flores abundantes, hay un olor nauseabundo, repugnante: olor a sangre, sangre de inocentes derramada. No estás solo en esto, otros pueblos llenos de estupor, miedo y rabia, lloran igual que tú, por sus hijos que han perdido.

Quiero que todos ellos y tú, mi terruño, que en tus brazos vi la luz por vez primera, sepan que está escrito: "no habrá, ni se oirá más clamor de guerra... toda la tierra será convertida en un lindo paraíso".

SUEÑOS IDÉNTICOS

Muy claros, aún tengo en mi mente los recuerdos. Cómo podría olvidarlos si todo fue tan bello. Si tocaba mis manos, quedaba sin aliento. Si miraba sus ojos, estos parecían oasis en un desierto. Si su boca quería unirse con la mía, sus manos por mi cuello poco a poco subían. Sostenía mi rostro, se encendían mis mejillas y él, que era tan fuerte, su tez palidecía.

¿La razón? Muy simple: eran inexpertos, salían de sus cuerpos mariposas volando. Las mismas que sentían revolotear por dentro. No había palabras para describir aquello tan sagrado. Eran un par de niños que más allá de la muerte su amor habían jurado, no conocían del mundo la maldad que existía, ni que la envidia de alguien con una cruel mentira, había prometido separarlos por siempre. Y empezó a hacer efecto, les destrozó sus vidas. En diferentes casas y diferentes camas, dos madres consolaban a sus hijos del alma. El insomnio llegó y se apoderó de ellos. Lágrimas abundantes empapaban sus almohadas. Estas que noche a noche vieron desprender sus cuerpos y correr a encontrarse. Agarrados de las manos, llegaban hasta el río. Y se sumergían en sus aguas. Solía envolverlos y los llevaba lejos y los traía de regreso al despuntar el alba. Y llegaba la hora para hablar de sus sueños tan idénticos que los hacían sentir únicos en el mundo. Que podían soñar por separado y sentirse muy juntos.

Ahora era distinto, no hubo encuentro ni manos agarradas. Salieron caminando cada quien por su lado. Llegaron frente al río, y este comprendió que algo grave pasaba y sus aguas quedaron inmensamente heladas. Los dos al mismo tiempo, sus pasos avanzaron. Fueron caminando donde ya sus pies la arena no tocaban. Y se fueron hundiendo, y una fuerte corriente sus cuerpos arrastraba. Y los llevó muy lejos, terminó el recorrido, el mar los esperaba. Los entregó en silencio y se quedó esperando a ver si en ese sitio sus cuerpos se juntaban. Se formó una ola tan gigante, tan grande, pensó que en el cielo tal vez iba a dejarles. Y cuentan los del pueblo por donde pasa el río que escuchan un lamento, más bien como un gemido y corren a apreciar lo que ellos han llamado: "el fenómeno del siglo". La ola se encrespa y sube, sube al infinito, como buscando algo o alguien que ha perdido. Y luego baja despacio y en silencio; y el río se queda tranquilo, muy tranquilo, parece que en su lecho se ha quedado dormido.

www.ingramcontent.com/pod-product-compliance
Lightning Source LLC
Chambersburg PA
CBHW071253250626
47159CB00004B/1156
9781939948182